Erfurt

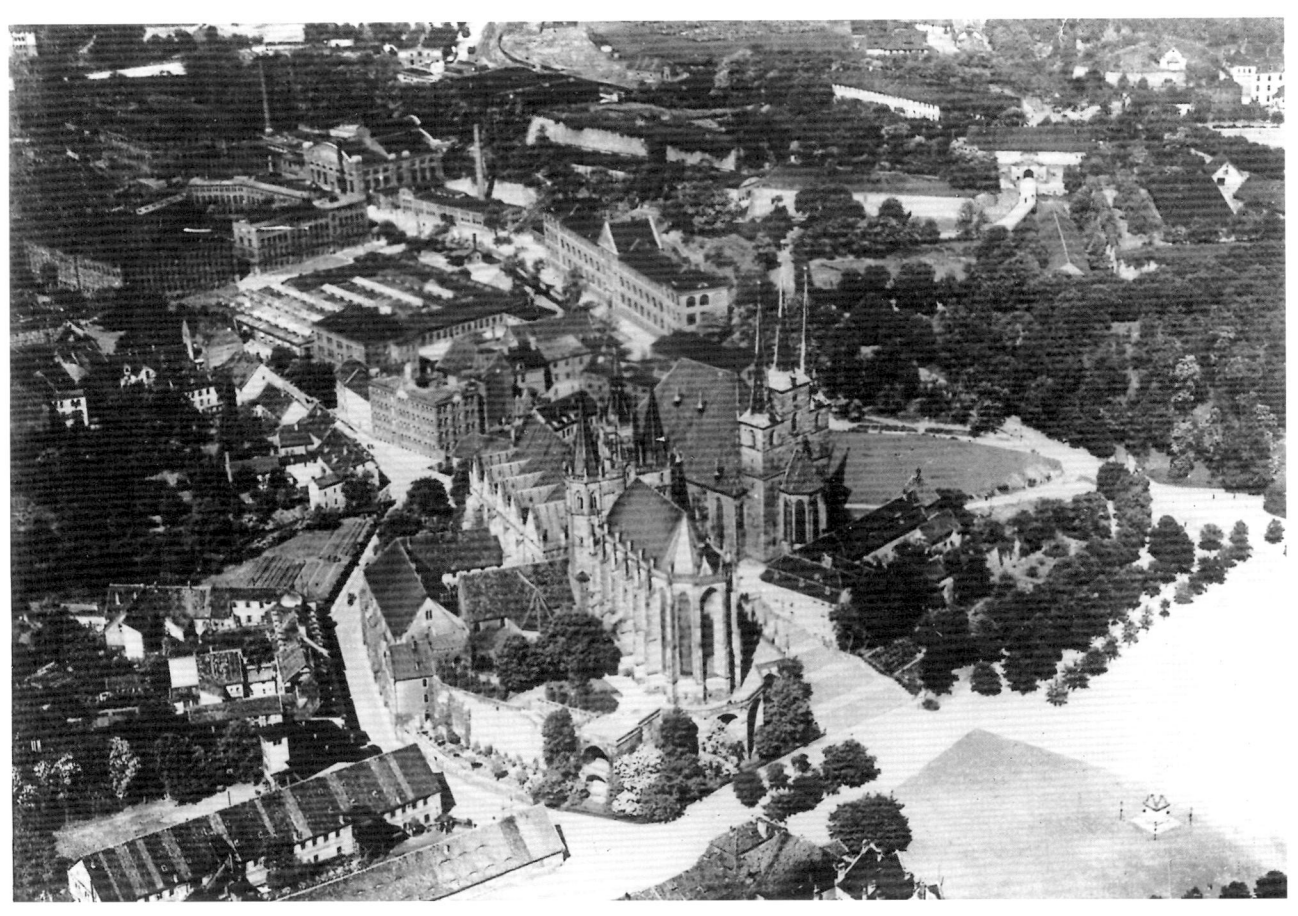

Abb. 1: Domplatz, Petersberg und Gewehrfabrik um 1920

ERFURT

Text von Norbert Eisold
Fotos von Peter Kühn

HINSTORFF

Für Beate und Ele

Danksagung
Stellvertretend für alle, die durch Rat und praktische Mithilfe das Entstehen des vorliegenden Buches förderten, danken Verlag und Autoren den MitarbeiterInnen des Stadtarchives und Herrn Karl-Heinz Meißner. Ein besonderes Bedürfnis ist es den Autoren, der Verwaltung der Landeshauptstadt und den Erfurtern zu danken, deren willkommene Gäste sie zu verschiedenen Zeiten sein durften.

Bildnachweis
Stadtarchiv Erfurt: Abb. 1, 3–30
Thomas Gallien: Abb. 2
Alle anderen Abbildungen: Peter Kühn

Titelbild: Blick vom Petersberg auf St. Severi und Dom
Rücktitel: Skulpturen von Hans Walther am Sparkassengebäude, Fischmarkt

Die Deutsche Bibliothek – CIP-Einheitsaufnahme

Erfurt / Text von Norbert Eisold. Fotos von Peter Kühn.
– Rostock : Hinstorff, 2002
ISBN 3-356-00927-3

© Hinstorff Verlag GmbH, Rostock
1. Auflage 2002
Druck und Bindung: Neumann & Nürnberger, Leipzig
Printed in Germany
ISBN 3-356-00927-3

BLÄTTER AUS DER RUMPELGASSE

Erstes Blatt: Ein Bild finden
Seite 7

Zweites Blatt: Könnte Geschichte beginnen
Seite 10

Drittes Blatt: Occultus Erfordensis
Seite 15

Viertes Blatt: Thüringisches Rom
Seite 20

Fünftes Blatt: Der Fall Luther
Seite 29

Sechstes Blatt: Der Petersberg
Seite 37

Siebentes Blatt: Brühler grüner Kurzstiel
Seite 43

Achtes Blatt: Geist und Macht
Seite 52

Neuntes Blatt: Phantastische Begegnung auf dem Anger
Seite 58

Zehntes Blatt: »Holocaust und Moderne«
Seite 67

Elftes Blatt: Einen Kreis schließen
Seite 75

Die Geschichte Erfurts in Daten
Seite 78

FARBTAFELN
Seite 85

Abb. 2: Kirchgasse am Augustinerkloster (1994)

Blätter aus der Rumpelgasse

Erstes Blatt:
Ein Bild finden

Wenn ich aus meinem Fenster nach Westen schaue, kann ich noch ein Stück des südlichen der Domtürme sehen. Ein paar Schritte durch die Kleine und die Große Arche und ich bin am „Waidspeicher", wo wir im Puppentheater Shakespeares *Richard III.* erlebten. Weil er ein Kretin war, der nicht glaubte, für den Frieden zu taugen, spielte er den Bösen. Und als wir dann nachts nach der Vorstellung über die Brücken der sich dort verzweigenden Gera durch Klein Venedig liefen, waren da eben drei Jungs dabei, die neue Beleuchtung des kleinen Parks zu ruinieren. Ich versuchte, einem von ihnen den Arm um die Schulter zu legen, um körperlich zustande zu bringen, was mir mit Worten nicht glückte. Doch er drohte mit dem Rechtsanwalt seines Vaters.

Abb. 52

Abb. 46, 73

Mir im Rücken, wie die Sonne am Mittag, streckt sich der lange First der Predigerkirche mit ihrem Seitentürmchen, das Kloster Meister Eckharts, in dem ich zum ersten Mal Butzmanns *Heimatkunde* sah. Ich erinnere mich an einen Tag unter Gewitterhimmel auf dem sommerlichen Klosterhof über dem Wehr der Neuen Mühle, mit Goldraute und blühendem Rainfarn, an den Abend in irgendeiner der schönen Kneipen über dem Fluß, der unter den Lichtreflexen der Stadt still zu stehen schien und sich doch unaufhaltsam fortwälzte. Und Butzmann mit seinem Tuschkasten, auf der Suche nach einem Bild, malte ein Blatt nach dem anderen, bis es dunkel wurde.

Ich fand mein Bild für den Anfang nach einer von der Sonne verwöhnten Woche zwischen Steinzeitgerät und verrosteten fränkischen Waffen im Kellergeschoß des Stadtmuseums.

Das Museum hat sich in dem 1606/07 für den Waidhändler Paul Ziegler neu erbauten „Haus zum Stockfisch" eingerichtet. Es sitzt in der Häuserzeile der von der Straßenbahn Richtung Nordstadt durchquerten Johannesstraße wie ein unerwartet zu Geld gekommener Lakai. Mit einer nicht ganz zum weißen Frack passenden karierten Hose. Aber modern! Wenn die aus Italien importierte Renaissance Anfang des 17. Jahrhunderts noch modern genannt werden durfte. Doch von einer Unbekümmertheit, die zwischen Neid und Bewunderung schwankenden Kunstrichtern allemal ein paar strenge Falten mehr ins Gesicht prägen kann. Die Anverwandlung des südlichen Kunststiles geschah mit der gleichen Verve, mit der sich auf dem Hauszeichen das Tier aus kalten nordischen Meeren im Wasser vor einer sehr thüringischen Landschaft elegant zum Halbrund krümmt. Der gebildete Jetztmensch weiß natürlich, daß Stockfisch ein enthaupteter, auf Holzgestellen getrockneter Dorsch, Kabeljau oder Plattfisch ist. Aber darauf kommt es eben nicht an. Sondern es kommt auf das Bild an.

Meines war eines der seltenen, von Menschenhand geschaffenen, fast geschwisterlichen Ebenbilder der Sonne, die mir schon sieben Tage auf den sich stetig verkahlenden Schädel geschienen hatte: ein golden schimmerndes Perlrandbecken aus dem Grab einer thüringischen Adligen, vielleicht einer Verwandten der Prinzessin Radegunde, der ich als Spätpupertant einige Verse gewidmet und sie darin zu meiner unglücklichen Geliebten gemacht hatte. Ja natürlich, es ist eine Kopie, denn die wenigen zerbrochenen Stücke des Originals waren fast verzehrt, als man sie barg. Und das flache Becken besteht auch nicht aus Gold, sondern aus Messing.

Wenn wir uns nun vorstellen, dieses Becken sei das Thüringer Becken, und Erfurt – was es in Wirklichkeit nicht tut – läge in dessen Mitte und rundete sich noch immer in seiner mittelalterlichen Kreisgestalt, so säße ich jetzt im Zentrum dieser Schale, in der Rumpelgasse, im „Haus zum Schwanring". Wie die meisten Gebäude der Altstadt steht auch dieses auf mittelalterlichen Kellern. Apotheker, Biereigen, Notare, Schuhmacher, Schreiner und Gastwirte besaßen es und bauten daran herum, bis eine volkseigene Brauerei es dem Verfall überließ. So verdankt es unter anderem dem Untergang der

Abb. 3: Das alte Rathaus (um 1820)

DDR seine erneuerte Existenz. Abgesehen von seiner Lage im Mittelpunkt meines goldenen Beckens gehört weder das Haus noch die Gasse zu den schönsten ihrer Art in Erfurt. Diesbezüglich ist die Konkurrenz zu übermächtig. Nicht die bekannten Wichte, sondern eine Familie Rumpel besaß neben ihrem beträchtlichen Vermögen hier ein größeres Grundstück.

Der 1734 geborene Hermann Ernst Rumpel, Gymnasialdirektor und Professor der Rechte an der hiesigen Universität, verfaßte neben Fachschriften aus Anlaß der jährlichen Neubesetzung des Erfurter Rates 19 Jahre lang lateinische Gedichte. Sic transit gloria mundi. „Wo aber Gefahr ist", sagt der Dichter, „wächst das Rettende auch." Etwa in Gestalt der Kleinen und Großen Arche oder der Maria-Magdalenen-Kapelle, im Mittelalter umgeben von einem Friedhof für Arme und Fremde. Und nur ein paar Schritte vor meiner zeitweiligen Haustür öffnet sich der Fischmarkt, der glücklicherweise keiner mehr ist. Was für ein Platz! Ich will gar nicht versuchen, ihn zu beschreiben.

Abb. 31, 55, 59

1830 begannen die Erfurter hier das pittoreske, wohl über acht Jahrhunderte gewachsene Gebäudekonglomerat ihres alten Rathauses niederzureißen. Selbst Friedrich Schinkels Einspruch konnte den barbarischen Akt nur verzögern, nicht aufhalten. 1870, im ersten Jahr des die Reichseinigung unter preußischer Ägide vorbereitenden deutsch-französischen Krieges – Lenin wurde geboren und Rockefeller gründete „Standart Oil" –, legte man den Grundstein für einen Neubau, der nach seiner Fertigstellung wie das aufgeputzte, mit dem rechten Winkel modernisierte Gespenst seines Vorgängers aussieht: Imposant! Man beschwor das eben liquidierte Erbe in bereinigter Form und versuchte den ausgetriebenen Geist im nachhinein durch Kunst zu begütigen. Und da der die national gesinnte Monumentalmalerei fördernde preußische Kultusminister drei Viertel der Gesamtkosten schulterte, konnte der Düsseldorfer Historienmaler Peter Janssen Mitte 1878 damit beginnen, den sich hinter großen neugotischen Fenstern ehern in ein Spiegelgewölbe hebenden, mit viel thüringischem Holz verkleideten

Abb. 57

8

Abb. 58

und somit lichtvoll wie dunkel zugleich gestimmten Festsaal auszumalen.

Die Szenen aus der Erfurter Vergangenheit beginnen mit der Missionierung durch Bonifatius, einem zur durchaus realistisch wirkenden Ikone verdichteten Moment, in dem der Missionar seinen Kreuzstab auf den Stumpf der im nahen Steigerwald gefällten heiligen Eiche setzt.

Das zweite Bild ist Erfurts Patron, dem Heiligen Martin, der Thüringer Landgräfin Elisabeth und dem legendären, in ein grausames Debakel mündenden Kinderkreuzzug des Jahres 1212 gewidmet, der hier noch wie ein Sonntagsspaziergang beginnt.

An die enge Verbindung Erfurts mit dem deutschen Königtum gemahnen die beiden Gemälde, die den Kniefall Heinrichs des Löwen vor Kaiser Friedrich I. Barbarossa auf dem Petersberg und den 1290 gemeinsam mit Kaiser Rudolf von Habsburg von der Stadt unternommenen Zug gegen über 60 Raubritterburgen zeigen.

Der durch Preußen unterbrochenen Universitätsgeschichte gilt ein Gemälde, das um eine auf einen Thron gesetzte allegorische weibliche Figur vier mit der Universität besonders verbundene Männer gruppiert: den Theologen Martin Luther, den Dichter und Philosophen Eobanus Hessus, den Staatsrechtler Henning Göde und den Mediziner Amplonius Ratingk de Berka.

Das sechste der Bilder erzählt eine überlieferte Szene aus jenem „tollen Jahr" 1510, in dem die unzufriedene Bürgerschaft mit dem von reichen Waidhändlern und Kaufleuten beherrschten Rat aneinandergeriet.

In Nummer sieben und acht huldigt die Stadt ihrem jeweiligen Landesherrn: Nach der Eroberung von 1664 dem Mainzer Kurfürsten und 1803 dem preußischen König Friedrich Wilhelm III. sowie der Königin Luise. Diese allegorische Darstellung antizipiert mit den Jahreszahlen der für Preußen erfolgreichen Kriege der Jahre 1813–15 und 1870/71

eine „immerwährende" preußische Herrschaft, noch einmal bestärkt durch die Brustbilder der preußischen Könige, die sich rund um den ganzen Saal gleichsam als ewige Wächter in den Zwickeln finden.

Und nur unter diesen Voraussetzungen darf das Volk sich im vorläufig letzten Akt das Mütchen kühlen, den in den Befreiungskriegen zum „Erbfeind" erkorenen Franzosen niederstechen und jenem eh nur aus Holz und Leinwand gebastelten Napoleon-Obelisken auf dem Anger einen brennenden Scheiterhaufen bereiten.

Gleichsam als Säulen dieses historisch-mythologischen Konstrukts treten vier im Saal postierte allegorische Figuren auf: Beneficentia, die Wohltätigkeit, Industria, die Arbeit, Justitia, die Gerechtigkeit, und Fortitudo, die Wehrhaftigkeit. Wohl nicht zufällig hantieren drei von ihnen mit einem Schwert herum. Nur die Beneficentia ist lediglich mit einem Geldstück und ihrem Gesangbuch bewaffnet. Und während an den Wänden für Lesehungrige überdies Denksprüche aus dem alten Rathaus wiederholt werden, die wie eine kühne Vorwegnahme der Standpauke erscheinen, die Polonius seinem Sohn Laertes in Lene Voigts sächsischer Hamlet-Adaption erteilt, kreist über allem, silbern auf rotem Schild, eine Art kommunaler Heiligenschein, Zeichen ewigen Wechsels und mein zweites Bild für die Stadt, das Erfurter Rad.

Ich erinnere mich, daß es mir zum ersten Mal auf den kleinen Brausepulvertütchen begegnet ist, die wir uns auf dem Heimweg von der Schule für, ich glaube, acht Pfennige aus einem kleinen Lebensmittelladen holten. „Rotplombe". Wir benutzten das Pulver nicht zur Herstellung von Brause, sondern leckten es, wie weiland Oskar Matzerath vom Bauch seiner Freundin, aus unseren mit Spucke gefüllten Handflächen, daß die darin enthaltene Zitronensäure nicht nur auf der Zunge, sondern im ganzen Körper zu prickeln schien und das Rad auf dem Tütchen sich zu drehen begann.

Es ist Anfang November, und die Leute sitzen, sobald die Sonne auch nur für Momente das Schweißtuch der Wolken beiseite legt, auf den Korbstühlen der Straßenkneipen der innersten Stadt zwischen Domplatz und Wenigemarkt, Allerheiligenstraße und Anger. Brausepulverstimmung eben. Gotik und Döner, Oktoberfest und fast schon Weihnachtsmarkt. Volle Kaufhäuser und überfüllte Dichterlesungen, Märchenstunden, ein Meister-Eckhart-Vortrag, während dem ich von meinem Stuhlnachbarn erfahre, daß auch der Erfinder der Kaffeemühle ein Erfurter gewesen sein soll. Außerdem gibt es im Haus auf der anderen Seite der Gasse auf der Höhe meines Quartiers nicht nur ein Büro, sondern auch eine Musikschule, deren Lieblingsstück offenbar „Für Elise" heißt.

Den letzten wirklichen Sommertag bin ich mit dem Fahrrad unter blitzblauem Himmel an der Gera entlang, über Bischleben nach Möbisburg und dann, über die Rosenküche und den steilen Pfaffenstieg, hinauf zum Steiger gefahren.

Auf dem schon im späten Neolithikum besiedelten Kirchberg in Möbisburg soll der merowingische König Merwig eine Burg gebaut, „beständig gewohnt und Hof gehalten, auch den einfallenden Völkern Widerstand gethan" haben, heißt es in der Sage. Mit der Festigung der fränkischen Macht im 7./8. Jahrhundert dürfte dann auch eine erste Kirche erbaut und dem Heiligen Dionysius geweiht worden sein. Nachdem er von Heiden mit Ruten gepeitscht, aufs glühende Rost gelegt, wilden Tieren vorgeworfen und – als das alles nicht zum gewünschten Erfolg geführt hatte – geköpft wurde, trug der als Beleg für die Kraft des christlichen Glaubens sein Haupt noch zwei Stunden lang fort von der Richtstätte.

An diesem Tag aber schien der diensthabende Organist mit einem geradezu markerschütternden Choral um die Renaissance seiner Gemeinde zu spielen, die es vielleicht vorzog, in der Glasveranda der Gaststätte „Waldhaus" zu dinieren oder an der Südkante des Steigerwaldes spazierenzugehen. Das dortige Gewimmel jedenfalls gemahnte an Goethes Osterspaziergang: Fahrradfahrer und Fußgänger, Läufer und Latscher, junge Leute und junge Hunde,

Federball spielende Familien und Schwulenpaare, Damen in Lackkostümen, graduierte Herren in Naturleinen und ein altes Rentnerpaar, dem man ansah, daß der Steiger fast jeden schneefreien Sonntag ihnen gehörte.

Es war einer der wenigen Tage im Jahr, an denen die Waage zwischen den Blättern, die noch an den Bäumen hingen, und denen, die bereits herabgefallen waren, einstand.

„Wenn wir uns treffen, an der Tankstelle", sagte das Mädchen irgendwo im Wald in sein mobiles Telefon, „bringst du mir eine Cola-Light mit?"

Könnte Geschichte irgendwann beginnen, ich würde sie in solchen Momenten beginnen lassen. Und an Orten wie diesem oder dem Kleinen Roten Berg, einem unauffälligen Hügel an der B4 nordwestlich von Erfurt vis-à-vis von Gispersleben, den ich mir die Woche darauf und wieder mit dem Fahrrad eroberte.

1978 hatten Archäologen dort das thüringische Grab entdeckt, aus dem unter anderem auch das zerbrochene Perlrandbecken aus Messing geborgen worden war, dessen Nachbildung ich in den Kellergewölben des Stadtmuseums entdeckt hatte.

Dieses von Blechnern aus Südwestdeutschland getriebene Perlrandbecken, so ließ sich rekonstruieren, stand auf einem Eichenbrett. In dem Becken befanden sich wegen ihres in einer harten Schale eingeschlossenen Kerns als magisch begriffene Haselnüsse und ein weiteres, noch kostbareres Gefäß, eine aus Italien stammende, gedrehte Silberschale, in der ein ebenfalls silberner Löffel vermutlich in Honig steckte. Damit die Tote auf ihrer Fahrt ins Jenseits nicht unter Durst litt, gab man ihr ein in Skandinavien gefertigtes Trinkgefäß, wohl aus dem Horn eines Ur, mit ins Grab. Auf den Mundblechen ist eine bärtige Maske und, ihr zu seiten, je ein auf den Kopf gestelltes, nach außen blickendes, in Flechtbändern sich auflösendes Tier zu erkennen. Die Tote selbst, eine noch junge Frau, gekleidet in Goldbrokat, mit Schmuck angetan, eine wunderschöne goldene Nadel im Haar, könnte, von Riemen stabilisiert, auf dem Wagen gekniet und nach Osten geschaut haben. Vielleicht war ihr Gesicht über den

Adelshof hinweg gewandt, der sich hier, am Kleinen Roten Berg, über der Flußaue der Gera, an einer der alten Verbindungsstraßen befand, die das Königreich der Thüringer von Norden nach Süden durchquerten.

Der Großstamm der Thüringer wuchs aus den von Schleswig-Holstein und Mecklenburg eindringenden Angeln und Warnen, den im Thüringer Raum bereits siedelnden Hermunduren und anderen germanischen Stämmen während des 4. Jahrhunderts. Unter seinem König Herminafrid griff sein Reich in der Zeit um 500 nach Nordosten bis zur mittleren Elbe und in südwestlicher Richtung bis an den oberen Main und die Donau aus. Nicht allein die Grabfunde am Kleinen Roten Berg lassen auf eine reiche Kultur dieser hierarchisch gegliederten Gesellschaft schließen: rege Handelsbeziehungen, ein blühendes Handwerk und eine Landwirtschaft, die neben ihrer berühmten Pferdezucht nach dem Vorbild südlicher Länder damit begann, Obst anzubauen. Thüringische Edelschmiede, bestens vertraut mit der Feuervergoldung, schwierigen Gußverfahren und den Kerbschnittformen des von den nordgermanischen Kulturen übernommenen Tierstils, schufen Kostbarkeiten wie die in Gispersleben gefundene Falkenfibel.

Der König des Ostgotischen Reiches, Theoderich der Große, versuchte die Thüringer in ein gegen die Franken gerichtetes Bündnis zu ziehen und vermählte seine Nichte Amalaberga mit König Herminafrid. Doch nur fünf Jahre nach dem Tod Theoderichs 526 zerbrach Thüringen unter einem von den Sachsen unterstützten merowingischen Angriff und wurde unter dem bis 741 herrschenden Karl Martell fest in das fränkische Reich eingegliedert.

Der Dichter Venantius Fortunatus hat in seiner *De excidio Thuringiae* die Klage von Prinzessin Radegunde übermittelt. Nach dem Untergang des Thüringer Reiches gegen ihren Willen mit dem fränkischen König Chlothar I. vermählt, entzog sie sich ihm und soll, der Legende nach, die letzten 30 Jahre ihres Lebens unter härtesten Bußübungen im Kloster verbracht haben.

„Wie rasch stürzen stolze Reiche zu Boden! Lang sich hinziehende Dachfirste, die in Zeiten des Glücks da gestanden hatten, liegen nun, durch die furchtbare Niederlage gebrochen, verbrannt am Boden. Die Halle, die vorher im königlichen Schmuck geprangt hatte, bedeckt jetzt an Stelle gewölbter Decke, Trauer erregend, glühende Asche.

Hochragende schimmernde Dächer, die mit rötlichem Metall verziert erglänzten, hat graue Asche niedergedrückt. Die im gleichen Jugendalter prangende Menge kämpfender Jungmannen hat ihr Leben vollendet und liegt im schmutzigen Staube des Todes. Die dicht gedrängte Reihe der vornehmen Königsmannen hat weder Grab noch Totenehren: Das flammende rote Gold mit ihren Haaren noch überstrahlend, liegt sie mit bleichen Gesichtern auf dem Boden hingestreckt. [...] Der bloße Fuß der Frau trat in das Blut des erschlagenen Gatten, und die zärtliche Schwester schritt vorüber an dem am Boden liegenden Bruder. Aus den Armen der Mutter gerissen, hing der Knabe an ihr nur noch mit seinem Blick, und niemand wusch unter Wehklagen seine Leiche. [...] Nicht kann ich, zumal als Angehörige eines fremden Volkes, das Wehklagen anderer erreichen und ganz aufgelöst in Kummer im Tränensee schwimmen. Ein jeder hat sein eigenes Leid gehabt, ich aber allein das Leid von allen: Der Schmerz des Reiches ist zugleich mein eigener Schmerz. Gut gemeint hat es das Geschick mit den Männern, welche der Feind getötet hat – ich allein habe alle überlebt und lebe, um sie zu beweinen."

Die Männer, die ich an dem windigen, kühlen Tag auf dem Kleinen Roten Berg getroffen hatte, schienen davon nichts zu wissen. Sie waren dabei gewesen, die Nordflanke des Hügels wegen eines hier geplanten Autobahnkreuzes archäologisch zu untersuchen.

„Und das Wagengrab?"

„Nein."

„Ende der Siebziger?"

„Das war vor unserer Zeit."

Vielleicht war ihnen der fremde Fahrradfahrer auch etwas verdächtig gewesen, denn üblicherweise schien sich kein Mensch auf den Kleinen Roten Berg zu verirren, im Gegensatz zum Steiger war er offenbar kein Ausflugsziel.

Gefunden hatten sie, wie ich später während eines Vortrages erfuhr, aber trotzdem etwas, und zwar neben Hausgrundrissen, zwei gestörten Menschengräbern eines Thüringischen Friedhofes und Pferdegräbern die Reste zweier in der Fundgeschichte bislang einzig dastehender Ofenanlagen aus der jüngeren Steinzeit.

Über Gispersleben mit seinen beiden Kirchen und die beherrschenden Schornsteine des Wärmekraft-

Abb. 4: Nordhäuser-, Warschauerstraße (1989)

werkes geht der Blick vom Kleinen hinüber zum Roten Berg, auf die bis 1981 gebauten Wohnhochhäuser an seinem stadtseitigen Fuß. Die „Platten-Achse Moskau-Berlin", die in ihren Straßen die Namen aller Hauptstädte der ehemaligen sozialistischen Bruderländer von Ulan Bator bis Havanna vereinigt. Neu, als Pedant auf der anderen Seite der in die Stadt hinein führenden Nordhäuser Straße, der Thüringenpark, natürlich mit Europaplatz, Dubliner und Lissabonner Straße. Dem Einkaufs- und Gewerbepark der gehobeneren Klasse muß man zugute halten, daß er sich, was seine Höhe betrifft, wohltuend bescheidet. Die Plastik im Zentrum des Europaplatzes in Gestalt einer aus drei Schichten bestehenden, auf den Rand gestellten, daraufhin mittig zerschnittenen, infolgedessen also zu beiden Seiten auseinander und nach hinten fort kippenden steinernen „Torte" kann in diesem Kontext indessen nur als ein mahnendes, wenn auch etwas zu blank poliertes Zeichen begriffen werden. Denn Erfurt – und das ist nicht nur in Festtagsreden oder während wissenschaftlicher Kolloquien zu hö-

ren – Erfurt möchte in einem Prozeß immer wieder neu zu gewinnenden Selbstverständnisses eine Stadt in Europa sein, ohne sich in andauernden Gärungen, Verwerfungen und Selbstzerstörungen zu verlieren.

Im Jahr 742 wurde Erfurt als „Erphesfurt" erstmals genannt, und zwar in einem Brief des bereits erwähnten Missionsbischofs Bonifatius an Papst Zacharias. Die Sprachwissenschaft meint, die Ortsbezeichnung reflektiere auf die Furt durch den Fluß, der zu dieser Zeit nicht Gera, sondern „braunes Wasser" oder so ähnlich genannt wurde. Inzwischen steht sogar die Hypothese im Raum, „Erphesfurt" sei überhaupt nicht identisch mit Erfurt. Dem Wesen des benamten Ortes aber kommt vermutlich die alte Historiographie am nächsten, wenn sie einen Edelmann namens „Erpo" oder „Erff" erfindet und diesen im Brühl nicht nur eine Mühle errichten, sondern auch eine Furt durch den Fluß anlegen ließ, was wirtschaftlich klug gedacht war, denn auf dem Petersberg, so der Chronist, existierte bereits ein Saal jenes schon angesprochenen Königs Merwig. Der Name dieser historisch nicht nachweisbaren Figur deutet auf die fränkischen Merowinger beziehungsweise deren Stammvater Merowech.

Der Angelsachse Bonifatius jedenfalls, päpstlicher Legat für Germanien und – nach dem Tode Karl Martells – unter dessen Nachfolger Karlmann „tragende Figur der fränkischen Kirchenreform" (Friedrich Prinz), bat den Papst in einem Brief um Bestätigung des Bischofsitzes an dem Ort, der Erfurt genannt wird und der seit langem eine Art frühstädtische Siedlung der hier siedelnden bäuerlichen Heiden gewesen sein soll. Mit der Errichtung des Bistums fixierte und verstärkte der ehrgeizige Bonifatius jene Bindung Erfurts in das Rhein-Main-Gebiet, die heute noch und wieder spürbar ist und einen Bruch erlitt erst durch die Überstellung Erfurts unter preußische Herrschaft im Jahr 1802.

Aufgrund seiner günstigen Lage in der fruchtbaren Talaue des sich verzweigenden Flusses empfohlen, ist das Stadtgebiet Erfurts nachweislich seit der Jungsteinzeit von Menschen besiedelt gewesen. Am Petersberg sowie am Anger sind Gräber und in der Schlösserstraße eine Siedlung aus der Zeit des Thüringer Königreiches ergraben worden, so daß Historiker in Erfurt für das 5./6. Jahrhundert „ein politisches und kulturelles Zentrum mit einer Burg oder einem bedeutenden Hof" (Wolfgang Timpel) für wahrscheinlich halten.

Der Logik der landschaftlichen Lage folgend, kann sich diese Burg nur auf dem Petersberg befunden haben. Gleichsam vor seinem Auge kreuzten sich die alten Handelswege: die von Magdeburg durch die Sachsenlücke über Haßleben und Gispersleben Richtung Arnstadt und Coburg führende Nord-Süd-Verbindung sowie die aus dem Mittelrheinischen über Eisenach und Gotha kommende, dann über Naumburg und Leipzig geführte und die Lausitz erschließende West-Ost-Trasse, die 768 erstmals erwähnte „Via Regia Lusatiae". Soweit sie die natürlichen Voraussetzungen boten, waren die Plätze beiderseits der Flußquerungen prädestinierte

Keime städtischer Entwicklung, denn gehandelt wurde hier nicht nur mit Waren, sondern auch mit Dienstleistungen und Informationen, die vor allem das problemlose Durchfahren des Flusses gesichert haben dürften, wie zum Beispiel zusätzliche Pferde, Reparaturen am Material, Verkürzung erzwungener Wartezeiten oder nötiges Know-how. Die bislang archäologisch nachgewiesenen Besiedlungen aus dem frühen Mittelalter an der Lehmannsbrücke (Waldenstraße), Krämerbrücke (Futterstraße) und Langen Brücke (Regierungsstraße/Eichenstraße) umreißen gemeinsam mit Petersberg und Untersberg bereits den Raum, in dem die Stadt bis heute ihren Mittelpunkt hat.

Auf dem Untersberg ließ Bonifatius vielleicht schon im Jahr 725 eine Kirche errichten, der im späteren 8. oder 9. Jahrhundert eine unter den Fundamenten des heutigen Domes entdeckte, vermutlich schon nicht mehr als Bischofskirche geweihte, steinerne Basilika folgte. Für den angelsächsischen Missionar zeichnete sich eine große Karriere ab. Jedoch nicht er, sondern ein anderer saß schließlich auf dem überragenden Posten als Kölner Metropolit. Bonifatius mußte sich mit dem Stuhl eines Erzbischofs von Mainz zufriedengeben und kassierte das junge Bistum Erfurt vielleicht aus Verdruß darüber schon wenige Jahre nach Gründung.

Als der etwa 80jährige nochmals zu einer Missionsreise nach Friesland aufbrach, mutete das wohl schon damals wie ein Selbstmordkommando zur Erlangung der Märtyrerwürde an. Am Triangel des Domes steht die Figur des „Heiligen Apostels der Deutschen" zwischen denen seiner Schüler Adolar und Eoban als Überwinder des Heidentums auf einem offenbar zu Boden gehenden Reiter. Das Bonifatiusfenster im Chor der Kirche aber zeigt auch den unter den Schwerthieben der berittenen Friesen am 7. Juni 754 am Fluß Bone bei Dokkum in die Knie brechenden Bonifatius, den Kopf vergeblich mit dem Evangelium schützend und, der Legende nach, mit einem Gebet für seine Mörder auf den Lippen.

Abb. 5: Blick vom Dämmchen auf die Krämerbrücke und die Ägidienkirche (um 1900)

„Eine Brücke besitzt diese Stadt! Du suchst was? Da liegt's parat. / Ob ein Band für deine Hose, ein Geschenk, eine silberne Rose … / Glaub mir, was dir beliebt! Es gibt nichts, das es dort nicht gibt. / Ich bekam einer Krämerin feuchten Kuß überm fließenden Fluß. / Wie der Neumond hat die sich gefreut, dachte, ich sei Therapeut! / Erst nur auf Abstand die Lage sondiert, doch dann, ungeniert / Krank gestellt, die Knie gewinkelt, und wie 'ne Kranke gepinkelt. / Jammernd nach Medizin, hielt sie mir das Glas vor die Nase hin, / Voller Scham, bedeckt das Gesicht, meinte sie wohl, ich sähe nicht, / Daß sie sich vor Lachen kaum halten kann. ‚Also, dein Mann' / – Ich prüfte die Pisse im Sonnenschein – ‚scheint nicht da zu sein? / Schwingt seinen Reisestab! Doch mit diesem Urin geht's bergab / Mit dir. Denn er ist nicht da …!' Du weißt, was weiter geschah? / Nein? Bitte! So frage doch den Prälaten, dessen Rock ich trage."

Ein Mann namens Nikolaus von Bibra wird als Autor des anonym veröffentlichten, insgesamt über zweitausend Verse umfassenden lateinischen *Occultus Erfordensis* aus den Jahren 1282/84 vermutet. Außer den dürftigen Hinweisen aber, die er im Text wie Brotkrumen verstreut, weiß man eigentlich nichts über ihn. Und so ist ihm zwischen derber Satire und zuweilen bitter werdender Anklage nicht nur der geniale Gang über das dünne Eis der Ironie, sondern auch das Kunststück gelungen, vermutlich für immer hinter seinem Gedicht verschwunden zu bleiben, doch gleichzeitig ganz gegenwärtig zu sein.

Abb. 66, 67 Ich habe die Verse nachgedichtet, weil die darin beschriebene Szene auf der Krämerbrücke spielen soll. Die kleinen Läden auf ihren Kanten dienen noch heute vornehmlich dem Verkauf mehr oder weniger wertvoller Kleinigkeiten. Nach dem Ensemble von Dom und Severi ist die „pons mercatorum" die zweite architektonische Ikone Erfurts. Nein, bestimmt keine „Ponte Vecchio des Nordens", kein Aufmerksamkeit heischendes, von sich angstvoll festkrallenden Büdchen besetztes deutsches Pendant der florentinischen Schwester unter dem göttlichen Licht des Südens, sondern eine alte, lückenlos von Fachwerkhäusern vorwiegend des 18. Jahrhunderts besetzte Kleinstadtgasse über zwei Armen

eines Flusses, der hier, im innerstädtischen Bereich, Breitstrom heißt und in anderen Größenverhältnissen wohl gerade einmal als Flüßchen durchginge. *Abb. 63, 65, 72*

An meinen ersten Tagen in der Rumpelgasse wäre ich beinahe zweimal über die Krämerbrücke und an ihr vorbeigelaufen, ohne es zu merken. Seit 1895 nämlich führt neben dem längst für den Verkehr gesperrten historischen Kleinod die breite Rathausbrücke ans andere Ufer. Davor waren hölzerne Mühlstege schon Ende des 14. Jahrhunderts von der Stadt angelegt worden. Mühlstege hießen sie deswegen, weil sich auf beiden Seiten des Flusses – neben der noch heute existierenden Ägidienkiche und der 1806 für 40 Taler zum Abbruch verkauften Benediktikirche – die Rappen- oder Mönchsmühle und die Stiftsmühle befanden. Sie mögen, wenn auch ohne Absicht, den Takt für die nahebei verrichteten Gebete und Gesänge klappernderweise vorgegeben haben. Während auf dieser Seite der Brücke das pittoreske Bild noch durch die Wohn-

Abb. 6: Auf der Krämerbrücke (1942)

häuser „zum großen und kleinen Eisenhut" auf der Insel inmitten des Wassers vervollkommnet wurde, mahlten auf der nördlichen Seite die eisenbeschlagenen Räder der schweren Pferdefuhrwerke durch das flache Gerinne der parallel verlaufenden Furt.

Diese Nachtseite ist heute die eigentliche Schauseite, vornehmlich an Sommerabenden, wenn die Abendsonne noch hoch genug steht. Der um 1000 erbauten Holzbrücke folgte 1325 die steinerne, die mit sechs schweren runden Bögen durch die Flußniederung steigt. Über den Rand geschoben wie Warenballen die Häuser, abgestützt durch doppelte Balkenkonstruktionen, und weiter oben nochmals auskragend in Balkonen oder kleinen Veranden: ein über dem Fluß zum Stillstand gekommener Handelswagen mit sechs Achsen. Der fahrende Händler wurde zum sitzenden Kaufmann, der fortan fahren ließ.

Abb. 5   Das Terrain, das heute die freie Sicht auf die Brücke erlaubt, war ursprünglich dicht bebaut. Bis auf zwei im Kern in das 13. und 14. Jahrhundert datierte Häuser der einstigen Horngasse und ein neben diesen in eine neue Mauer eingefügtes Renaissanceportal ist der „Stadtmodernisierung" der 1970er Jahre nichts entkommen. Das Abrißkommando war jedoch offenbar nicht wenig stolz auf das freigelegte, ja tatsächlich nicht reizlose Areal. Deswegen hinterließ es sein Vermächtnis zusätzlich in Form von Kunst an genannter Mauer: Fünf Reliefplatten zur Erfurter Geschichte und dem fortan stattfindenden allgemeinen Glück, ein heroisch gemeintes Weltbild mit Kosmonauten, das der Wechsel der Zeiten in einen komisch belanglosen Fingerabdruck verwandelt hat.

Doch zurück zum *Occultus Erfordensis*. Das Gedicht spielt in der Zeit zwischen 1279 und 1283. Das dem Erzbischof von Mainz de jure als Stadtherren unterstehende Erfurt emanzipierte sich zusehends. Seine wirtschaftliche Potenz erlaubte es ihm, durch Kauf umliegender Dörfer selbst zum Lehnsherrn sowie durch Geldgeschäfte mit Erzbischof und Adel zu deren Gläubigern zu werden. Durch Abkauf erzbischöflicher Rechte schmälerte ein weitgehend autonom agierender bürgerlicher Rat dessen Macht über die Stadt mehr und mehr. Das geschah nicht immer auf friedlichem Wege. Als 1279 während einmal wieder sehr handgreiflicher Auseinandersetzungen erzbischöfliche Würdenträger mißhandelt und sowohl aus ihren Ämtern als auch aus der Stadt gejagt wurden, verhängte der Erzbischof das Interdikt. Erst zweieinhalb Jahre später wurde es per Vertrag aufgehoben. Die Stadt hatte zu zahlen, den Beamten des Erzbischofs die Ausübung ihrer Ämter zu sichern und die Ordensgeistlichkeit wieder aufzunehmen. Interdikt hieß Verlust geistlichen Beistands, Ausschluß aus der christlichen Gemeinde, Sodom und Gomorrha.

Nikolaus von Bibra erlebte die städtischen Zerwürfnisse als Weltzerwürfnisse, und weder Papst, Landgraf, Geistlichkeit, Stadtregiment noch er selbst entkommen seiner zuweilen vernichtenden Kritik, die jedoch immer wieder aufgefangen wird von Gesten tiefer Menschlichkeit und großen, bis heute lebendigen Visionen. „Denn wenn Frieden herrschte", schrieb er, „würde dem Menschen überhaupt nichts schaden. Wenn ich mich sorglos auf dem Land ausruhen könnte, würde ich für ganz Rom keine zwei Äpfel geben! Was wären mir dann ganze Burgen, was der Himmel oder die Sterne?"

Und so ist auch das „Sodom und Gomorrha", das Nikolaus in Erfurt beschrieb und in dem er ja selbst als geistlicher Würdenträger lebte, ein thüringisch mildes, eher komisch und grotesk als bitter, ein Sudhaus mittelalterlicher Stadtwerdung.

Am Anfang jenes Teiles des faszinierenden Sittenbildes, der sich Erfurt speziell widmet, stehen die in den zahlreichen Klöstern der Stadt ein „gottgefälliges Leben" führenden Mönche. Von den vielen Künsten, die sie beherrschen, und Wundern, die sie vollbringen, ist es das höchste, einen Buckligen, der einem Kamel gleicht, durch ein Nadelöhr gehen zu lassen. Studenten, an die tausend hat es in der Stadt an den verschiedenen Stiften und Klöstern, sind zum einen Teil „moralisch völlig verkommen", zum anderen sind sie Fanatiker, die nach nichts dürstet als dem „Quell der Weisheit". Hoffnungsvolle Kader der gehobenen Geistlichkeit, arbeiten sie Tag und Nacht, verfassen „sprachphilosophische Abhandlungen" und laben ihre zermarterten Körper mit Quellwasser.

Auch die von der offiziellen Kirche mit Mißtrauen verfolgten und ohne bindendes Gelübde in freien Gruppen lebenden Beginen teilt der Dichter in zwei Sparten. Die einen, im Glauben sich opfernd bis zur physischen oder psychischen Aufgabe, die zweiten dem fleischlichen, wenn möglich, vermögenden Teil der Studentenschaft und Geistlichkeit zu Diensten, vor deren Türen die Neugeborenen dann abgelegt werden, wenn sie ihnen vorher nicht das Genick gebrochen haben.

Es folgen rechtschaffene Ärzte, gerechte Richter, gnadenlose Schergen, erhängte Räuber, Streit schlichtende Ritter, Soldaten, Kaufleute und vor allem Handwerker, als deren wichtigster der Münzschmied genannt wird, „weil doch das Geld in dieser Zeit der höchste König [...], der Geldmacher noch mächtiger [...] als der König" ist. Der Edelschmied macht Zinnfiguren, einen Wolf zum Beispiel, der „das Lamm scheel ansieht", der Schilderer Schilde, der Waffenschmied Messer, der Schlosser Schlüssel und der Sattler Zaumzeuge. Die Weber scheinen eine so große Zunft gewesen zu sein, daß Nikolaus die Zahlen nicht ausreichten, um sie zu zählen. Er nennt die Fleischer, die das „massenhafte Viehtöten" zu ihrem Beruf gemacht haben, die Zimmerleute, Tischler, Böttcher und Töpfer, Kistenmacher und Drechsler, Gerber und Maurer, Schreiber und Kürschner, Flickschneider und Kunstmaler.

Übervorteilt gefühlt hat er sich wohl durch manche von ihnen, vor allem aber von den Schustern, die Schafs- als Ziegenleder, Hunde- als Bocksleder verkauften und nur noch von den Pergamentschabern übertroffen wurden, die ihm aus purer Habgier schlechtes Pergament angedreht und damit seine dichterische Produktion gefährdet hatten.

Der letzte Abschnitt ist den vor allen anderen zu lobenden Ratsherren gewidmet, dem toten Henker Hermann und seinem Nachfolger Dietrich, den Gastwirten und ihren sich prügelnden Gästen inklusive einem Slawen mit Keule, den Mühlenbetreibern, den in den Spielen der Liebe bewanderten Huren, den Dieben, Revolteuren und jenem Prälaten, der den schnellen Fick auf der Krämerbrücke ebenso wenig verschmäht wie die im „Zeichen der Jungfräulichkeit" dargebrachten Genüsse eines gepflegten Badehauses.

Das Vorbild für dieses Badehaus hat sich vielleicht schon zu des Dichters Zeiten in dem später als Studentenlazarett genutzten Haus Nr. 4, dem „Haus zur Steinecke", in der Horngasse befunden, die deswegen zeitweise auch Badergasse genannt wurde. Es soll das vornehmste der Stadt gewesen sein. Unser Prälat alias Nikolaus von Bibra alias Anonymus hätte sich also auch tatsächlich, wie in seinem Gedicht nur durch eine Leerzeile getrennt, von der Krämerin auf kürzestem Weg direkt zum Bader in Pflege begeben können.

Von den Gehäusen, in denen sich diese Leute in der Zeit um 1280 bewegten, in denen sie schliefen,

kochten und ihrer Arbeit nachgingen, Mägde vergewaltigten, Knechte prügelten, Rivalen vergifteten, Pläne schmiedeten, ihre Kinder zeugten und Briefe an Geschäftspartner diktierten, scheint nur wenig die Zeiten überdauert zu haben. Selbst hier, in unmittelbarer Nähe der „Via Regia", um Fischmarkt, Allerheiligenstraße, und Michaelisstraße – vermutlich eine der ältesten Straßen der Stadt überhaupt –, sind es mit einer einzigen Ausnahme nur Fragmente, Spuren, Andeutungen. Auf das Jahr 1243 läßt sich der Rest eines Wohnturms in der Rathausgasse datieren, der später im „Haus zum Paradies und Esel" aufgegangen ist. Wer als Bürger über die nötigen Mittel verfügte, baute seinen eigenen, durch eine hölzerne Treppe über das erste Stockwerk erschlossenen Schutz- und Wohnturm. Auf der Parzelle, wo heute das „Haus zum güldenen Krönbacken" mit seinem reichen Renaissanceportal den suchenden Blick in Anspruch nimmt, stand bereits um 1200 ein Steinhaus. Und daß die angrenzende Michaeliskirche noch die Mauern ihrer Vorgängerbauten aus dem Ende des 13. Jahrhunderts birgt, kann lediglich als wahrscheinlich gelten. Auf einem merkwürdigen, annähernd trapezförmigen Grundriß erbaut, ist die Universitätskirche spätere Pfarrkirche des kleinsten der zahlreichen Pfarrbezirke Erfurts gewesen.

Abb. 56, 62, 89

Abb. 11

Gleichsam im doppelten Sinn gegen den Lauf der allgemeinen Jahrtausendgeschichte hat, nach und nach eingemauert von reichen Bürgerhäusern in einem Hof an der von Speicher- und Stapelhäusern bedrängten Waagegasse, die Alte Synagoge die Anschläge der Zeit überdauert. Als „scola iudaorum" 1293 erstmals erwähnt, ist sie etwa um 1270 erbaut und dreißig Jahre später noch einmal erweitert worden. Ihre Existenz verdankt sie der Tatsache, nach 1349 kein Tempel mehr gewesen zu sein, sondern Speicher und im 19. Jahrhundert gar von einer Stuckdecke bekrönter Tanzsaal eines Restaurants, das den Namen „Zur Feuerkugel" trug. Den Schriftzug findet man noch immer, einmal am Fischmarkt, einmal in der Michaelisstraße.

Spätestens der im letzten Drittel des 12. Jahrhunderts formulierte „Erfurter Judeneid" – das älteste derartige „Gesetz" für die Judenheit in Deutschland – läßt auf eine größere jüdische Gemeinde in der Stadt schließen. Deutlicher als Friesen oder Flamen, die sich ebenfalls in Erfurt niedergelassen hatten, unterschieden sie sich durch ihr Aussehen, ihr

Abb. 61

ausgeprägtes, bis in die Antike zurückreichendes historisches Bewußtsein, ihre religiösen Gebräuche und das in der Diaspora kultivierte existentielle Gefühl der Zusammengehörigkeit. Von den Zünften der Handwerker oder bäuerlicher Betätigung ausgeschlossen, waren sie auf das in seiner Bedeutung wachsende Geschäft mit dem Geld verwiesen, das jedoch von seiten der Kirche mit der Verdammung des Wuchers auf dem II. Laterankonzil 1139 gebrandmarkt war. Aber erst die Preisgabe des seit den Karolingern in den Händen des Königs liegenden Schutzes der Juden machte Übergriffe möglich, wie sie 1221 erstmals auch für Erfurt aktenkundig wurden, als friesische Kaufleute 26 Juden erschlugen. Am 21. März 1349 – die Pest wütete in der Stadt – kam es unter dem Vorwand der Brunnenvergiftung zu einem „wohl kalkulierten, gut vorbereiteten und straff ausgeführten Judenmord" (Stefan Oehmig), dem etwa einhundert Menschen zum Opfer fielen. Als bereits fünf Jahre später wieder jüdische Familien nach Erfurt kamen, durften sie ihre Häuser – nun im Besitz des Rates – aber nur noch mieten oder pachten. 1366 stand auf sexuellen Kontakt von Juden mit christlichen Frauen die Todesstrafe. 1389 erging ein Erlaß, nach dem Juden Mäntel mit spitzen Kapuzen oder die üblichen spitzen Hüte zu tragen hatten sowie fortan keine Christen mehr als Dienstpersonal beschäftigen durften. 1458 schließlich – ein Jahr zuvor hatten die letzten Juden wegen der offenbar immer schwieriger werdenden wirtschaftlichen Bedingungen und des von höchsten kirchlichen Würdenträgern geschürten Verfolgungsdrucks Erfurt verlassen – erkaufte sich die Stadt vom Erzbischof für 4000 Gulden in Gold und 450 Mark in Silber das Recht, künftig keine Juden mehr in der Stadt dulden zu müssen.

„Es gibt dort auch Juden", hatte der Autor des *Occultus Erfordensis* eher beiläufig und am Ende seines speziell den städtischen Verhältnissen gewidmeten Kapitels bemerkt, „Menschen aus einem schlimmen Volksstamm, die nicht aufhören, unserem Glauben zu jeder Tageszeit mit Herz und Hand gleichermaßen nachzustellen, und die durch Wucher schädliche Dinge ins Werk setzen. Die Stadt wäre heiliger, wenn dieses feindselige Volk weg wäre!" Doch immerhin lebte man Tür an Tür mit diesem „feindseligen Volk", denn die Erfurter Juden waren nicht in Ghettos verbannt, sondern wohnten unter den Christen vor allem zwischen Lehmannsbrücke und Fischmarkt. Die heutige Rathausgasse, bevor sie

Milchgasse genannt wurde, hieß Judengasse und befand sich an einem der wichtigsten Plätze der Stadt überhaupt.

Hier, am Fischmarkt, in dem durch den Fluß geschützten Kreuzungszwickel der großen Handelsstraßen, hatte sich bereits im 11. Jahrhundert ein Kauf- und Versammlungshaus der aus den festgetrampelten Hinterlassenschaften ihrer Vorgänger empor- und in die Fläche wuchernden thüringischen Metropole befunden. 1275 erst, nicht einmal zehn Jahre vor der Niederschrift des *Occultus*, taucht es als „curia consulum", als Rathaus, in den Urkunden der Stadt auf. Deren Grundstruktur bereits die war, die sich uns noch heute mitteilt, die bis heute wirksam geblieben ist und vielleicht eine Erklärung für die Faszination und Anziehungskraft der Erfurter Altstadt, insbesondere in ihrem ursprünglichsten Bezirk zwischen St. Michaelis, Krämerbrücke und Fischmarkt, bietet.

Abb. 55

Anders als in neuzeitlichen Siedlungen sind es vor allem die Plätze und die vielfach mit ihnen verbundenen Märkte, aus denen die lebendigen Strukturen der mittelalterlichen Stadt wachsen. Auf dem Wenigemarkt an der Krämerbrücke wurden vor allem Lebensmittel, Leder-, Pelz- und Webwaren angeboten. Vor dem Petersberg lag der Rubenmarkt für Ölfrüchte und Sämereien. Es existierten ein Viehmarkt, ein Pferdemarkt, ein Holzmarkt und ein Käsemarkt. Der Fischmarkt war dem Handel mit Fisch, Geflügel und Wild vorbehalten und bauchte südlich in den kleinen Töpfermarkt aus, während das Gebiet bis zur Krämerbrücke der Fernhandelsware und dem Leinenhandel vorbehalten war. Selbst der heute vielleicht als bürgerliche Prachtstraße mißdeutete Anger diente als Handelsplatz für das den Reichtum Erfurts begründende Waid. Die Marktstraße, obwohl sie die „Via Regia" markierte, als Straße im heutigen Sinn dürfte sie überhaupt nicht zu erleben gewesen sein.

Abb. 22, 23, 74–76, 79, 80

Die in die Stadt dringenden Fernstraßen wurden in ein amorphes System kreisender Plätze und Märkte gleichsam eingesogen und zu betriebsamer Ruhe gebracht. Ein Reliefplan aus der Zeit um 1690 vermittelt den Eindruck, als seien die Gebäudegruppen nicht an Straßen, sondern auf freie Plätze gesetzt worden, in denen ich mich die ersten Tage grundsätzlich verlief. Ich ging im Kreis, wo ich glaubte, um die Ecke zu gehen, und wurde so ungewollt von den Kraftfeldern der mittelalterlichen

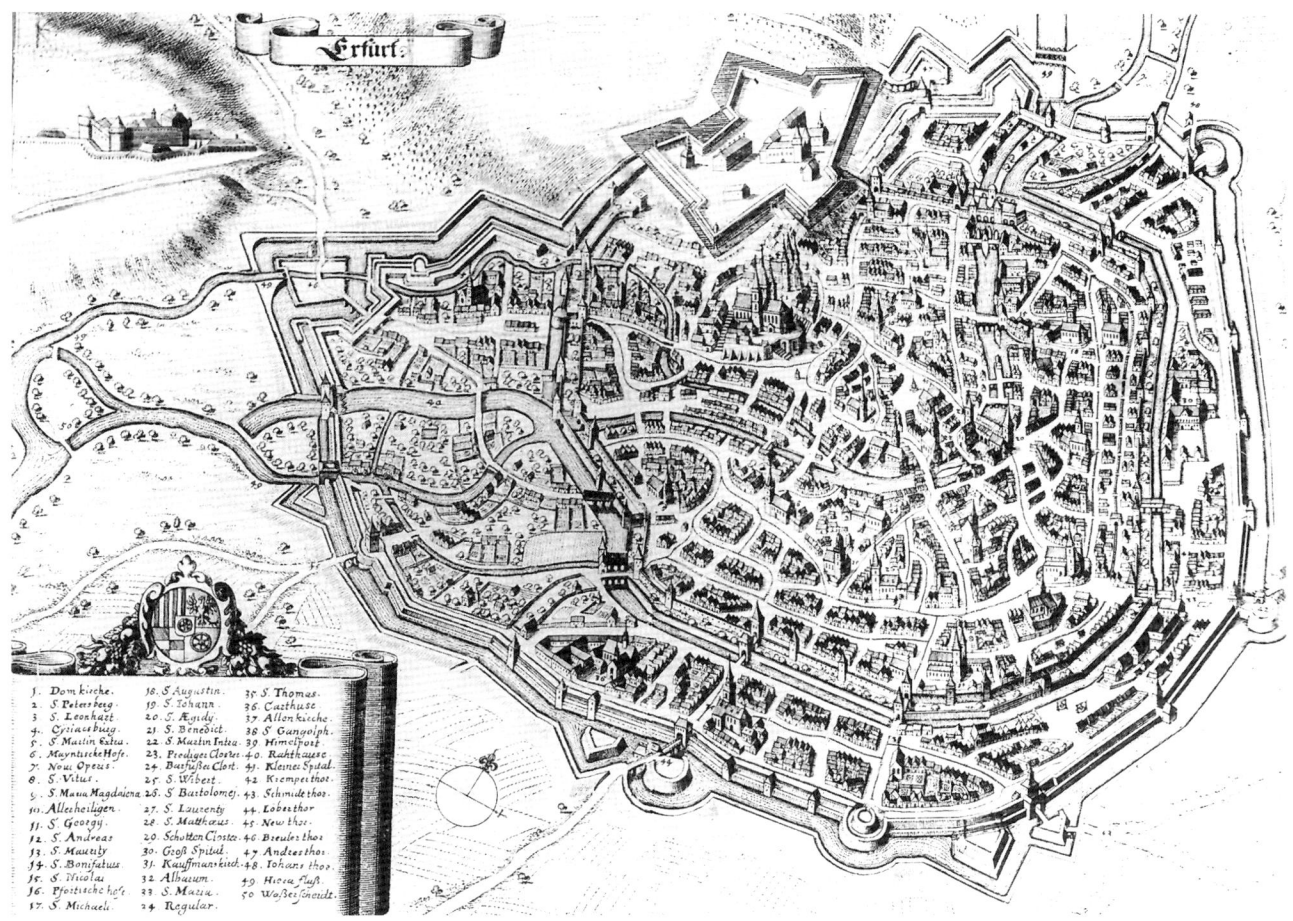

Abb. 7: Stadtplan von Erfurt (um 1690)

Hausgrundrisse in nicht konkret begründbarer, erwartungsvoller Erregung durch die Stadt getrieben.

Abb. 61
Abb. 55, 59

Nach einem kalten Tag lief ich noch einmal in die Waagegasse, über den fast leeren Fischmarkt, an dem das „Haus zum Breiten Herd" durch seine Vergoldungen auf rotem Grund wirklich wie ein breiter, frisch geputzter Küchenherd aus einem alten Märchen zu funkeln schien. Nur wenige Seidenfetzen von Wolken belebten den klaren Himmel über dem Hof, in dem die Synagoge mit ihren übereinander getürmten, nackten alten Steinen und der zerfressenen Fensterrose hinter dem silbern glänzenden Baugerüst aus Stahlrohren wie ein riesiger, atmender Artefakt ruhte. Da am Sonntag keine

Handwerker arbeiteten, war es still bis auf ein Schleifen der Folie vor dem schiefen offenen Dachstuhl, aus dem zuweilen ein Knattern herabsprang. Oben, auf den Gerüsten, lagen Stapel alter Ziegel, und an der versotteten Flanke des moribunden Steinkörpers ragte aus einer alten Maueröffnung über einer Tür das rostige Rohr einer wohl längst außer Betrieb gestellten Entlüftungsanlage. All das würde bald entfernt, ergänzt, gereinigt werden und unter den Spachteln der Konservatoren erstarren, um es über seine Zeit hinaus zu retten, versetzt in ein künstliches Koma, welches alle Lebensfunktionen auf ein Minimum reduziert, denn nicht nur der Mensch, auch sein Gehäuse bezahlt die Existenz mit dem Leben.

Abb. 1, 32, 46

„Ante gradus", „vor den greten" oder „vor den gra-den", nämlich vor den zum Dom- oder Marienberg kolossal empor steigenden Stufen, also auf dem Südteil des heutigen Domplatzes, befand sich der von den unterschiedlichsten Funktionen und vom öffentlichen Leben wohl am meisten beanspruchte Platz Erfurts.

Seit dem Ende des Oktoberfestes hat es tatsäch-lich ein paar Tage gegeben, an denen er fast leer war. Da lag er nun, in der ganzen Verhältnislosigkeit seiner preußischen Erweiterung, gerahmt von weit-gehend entlaubten Bäumen, wie der Landeplatz für irgend etwas Überirdisches. Vom Steiger aus waren die Häuser dort 1813 zunächst befreienderweise bombardiert, dann die Trümmerflächen dem „gro-ßen Markt" zugeschlagen und das Ganze zehn Jahre später in „Friedrich-Wilhelm-Platz" getauft worden. Der dritte König dieses Namens von Preußen hatte mehrmals in der „Hohen Lilie" gewohnt. Klein, einsam und deplaziert – weil für einen viel kleineren Platz geschaffen – erschienen der von den Bürgern ihrem Kurfürsten gestiftete Obelisk und die 1784 aufgestellte Minerva. Selbst aus dem Glaskasten mit dem Fahrstuhl der Tiefgarage am anderen Ende des Platzes kam stundenlang kein Mensch heraus. Jetzt aber wird der Weihnachtsmarkt aufgebaut: schnur-gerade Budenreihen, Kinderkarussells und das obli-gatorische Riesenrad „ufn marckte", direkt unter den Domtürmen.

Wie viele Straßen und Plätze in der Stadt, querte das ungepflasterte Areal bis ins 19. Jahrhundert ein offener Wasserkanal. 1807 sah sich die französische Verwaltung mit zugehaltener Nase genötigt, ein Edikt zu erlassen, das es verbot, „Nachtgeschirre und Kehricht" in die Kanäle zu entleeren. In den von Krambuden besetzten Bögen der steil vom Platz aufsteigenden steinernen Substruktionen hatte der Erzbischof als Stadtherr einen der vier welt-lichen Gerichtsstühle und auf dem Platz davor des-sen Exekutive postieren lassen, also Henkerhaus, Galgen, Gack und Triller. Hier befanden sich Mün-ze, Zollhaus, mainzische Wache und – nicht weit – das Findelhaus. Dem Vergnügen wie dem Kult dienten die zahlreichen kirchlichen, oft Tage wäh-

rende Feste, die hier stattfanden, und die Pro-zessionen, die über den Platz hinauf zum Marien-berg führten. Schließlich und endlich, sozusagen als Basis, waren da noch die Märkte, denn außer den Lebensmittelmärkten lud Mittwoch und Samstag der Kohlen- und der Salzmarkt und, jeweils neun Tage vor Ostern, Johanni, Weihnachten und bei Anwesenheit der Erzbischofs, der große Markt zum Besuch.

„Wer es sieht, wird es nie vergessen", rief Karl Emil Franzos, und meinte die vieltürmige „Gottes-burg" mit Dom und Severikirche, den noch übrig gebliebenen Pfarrhäusern und der urtümlich wir-kenden Bonifatiuskapelle. Georg Dehio zählte sie zu den „schönsten architektonischen Gruppen [...], die Deutschland besitzt". Mich tröstete der Anblick wieder einmal darüber hinweg, immer noch nicht in Paris gewesen zu sein. Den nördlich der Kapelle neuerdings hinzugefügten modernen Flachbau dachte ich mir kurzerhand eingefügt und überstie-gen von der alten Bischofsburg, den Kuben der Kurien sowie den andern Häusern, die 1813 zur einen Hälfte von der französischen Besatzung abge-rissen, zur anderen von den Preußen in Brand ge-schossen worden waren. Wenn im Mittelalter Erfurt als das thüringische Rom galt, so muß der Domberg sein „Vatikan" gewesen sein, eine steinerne Kristal-lisation christlichen Glaubens und weltlicher Macht.

Abb. 32

Wann die erste Kirche auf dem „mons altus", dem „hohen Berg", erbaut worden ist, wissen wir nicht. Schon 724 rief Papst Gregor II. die Thüringer auf, seinem Missionsbischof Bonifatius ein Haus zu er-richten. 836 ließ Otgar, Erzbischof von Mainz, die Gebeine des Hl. Severus nach Erfurt in eine St.-Pauls-Kirche überführen, die vielleicht in diesem Zusammenhang auch das Severus-Patronat an-nahm. Diese Kirche wurde 1079/80 Ort eines grau-samen Massakers. „In diesem Jahr", so berichtet das *Auctuarium Ekkehardi* aus dem Peterskloster, „wur-de die Stadt Erfurt von dem Heere des Königs Heinrich niedergebrannt. Und als die Menge, wie üblich, in die Kirchen floh, wurden die Kirchen der Heiligen angesteckt, unter ihnen das Münster des heiligen Severus, das ‚Hohes Münster' hieß. Und es

Abb. 8: Domplatz (um 1800)

brannte mit vielen Menschen darinnen aus." Politischer Hintergrund der Katastrophe war der sogenannte Investiturstreit, eine langwierige Auseinandersetzung zwischen König- und Papsttum um das Recht zur Einsetzung geistlicher Würdenträger. Als das Mainzer Erzstift sich gegen Heinrich IV. auf die Seite seines vom Papst gestützten Rivalen schlug und diesem sogar Erfurt als Stützpunkt zur Verfügung stellte, ließ Heinrich die unbeteiligte Stadt erobern und in Brand stecken. Über einen kleineren Neubau der Stiftskirche führte dann der Weg zu der großzügigen, um 1275 begonnenen fünfschiffigen Hallenkirche, deren Fertigstellung sich an die einhundert Jahre hinzog. Nach einem Brand ist sie 1472 wiederhergestellt und in einigen Teilen, wie dem mächtigen Walmdach und dem Chor, nochmals verändert worden.

Als ich unter ihren lichten Gewölben durch den ockerfarbenen Wald ihrer ebenmäßigen Pfeiler wanderte, hatte ich das Gefühl, daß nicht nur der Raum selbst, sondern auch viele der Skulpturen in

ihm etwas von der kühnen, heiteren Beherrschtheit und Geistigkeit in sich aufgenommen haben, die Severus selbst eigen gewesen sein mag. Er kam nicht wie Bonifatius aus der Kaderschmiede des päpstlichen Apparates, sondern war, von Beruf Wollweber und glücklicher Vater seiner Innocentia, ein auf den Bischofsstuhl gebetener Seiteneinsteiger, vermutlich immer etwas unsicher in seinem Amt und deswegen besonders gütig, mutig und genau.

Gleichsam als Synonym für die ganze Kirche kann deswegen der Severisarkophag im Inneren der *Abb. 38* beiden südlichen Seitenschiffe gelten. Traditionell einem Anonymus, dem Meister des Severisarkophags, zugeschrieben, gilt heute die Arbeit von drei, vielleicht gemeinsam in einer Werkstatt tätigen Bildhauern an den einzelnen Teilen als sicher. Auch wird es für möglich gehalten, daß die Teile einst nicht einem Sarkophag, sondern vielleicht einem Altar zugehörten. Doch wie dem auch sei. Der Schönheit dieser ihrer bildhauerischen Handschrift nach verschiedenen, doch dem geistigen Impetus nach verwandten Arbeiten tut das keinen Abbruch. In drei Szenen wird auf den Umfassungswänden die Legende des Heiligen dargestellt, dem drei Tage hintereinander eine Taube auf dem Kopf als Zeichen dafür erschien, daß er nach Gottes Willen zum Bischof von Ravenna gewählt werden sollte. Die vierte Wand zeigt, ohne erkennbaren thematischen Zusammenhang, eine Anbetung der Heiligen Drei Könige. Die Skulpturen der Deckplatte, deren Original als Altarretabel dient, stellen, sich ihm zuneigend, Frau und Tochter des Bischofs Severus dar. Diese gelöste Intensität, dieses scheinbar von innen heraus auf ihr Antlitz tretende heitere Strahlen, gehört für mich zum Bewegendsten und Schönsten, was deutsche Bildhauerei aus der Mitte des 14. Jahrhunderts hervorgebracht hat.

Erst 1153 gibt es eine Nachricht von der Vorläuferin des heutigen Domes, der „maior ecclesia", der der Gottesmutter Maria geweihten Hauptkirche der Stadt. Zwar scheint ihr vermeldeter Einsturz wenig glaubhaft, aber schon im folgenden Jahr begann man, die Baugrube für den Neubau auszuheben, und fand dabei – hatte man sie tatsächlich vergessen? – die Gebeine der beiden Schüler und Mitstreiter von Bonifatius, Adolar und Eoban. Adolar, der legendäre erste Bischof Erfurts, und Eoban, Bischof von Utrecht, waren 754 mit ihrem Lehrer nach Friesland gegangen und wie dieser dort erschlagen worden, worauf man sie, der Legende folgend, nach Erfurt gebracht haben soll. Hochwillkommen und „mit großem Gepränge überführt", waren ihre in einem Schrein zur öffentlichen Verehrung ausgestellten Überreste die besten Spendensammler für den Neubau der Kirche mit – das wird in der Chronik ausdrücklich betont – „sehr wehrhaften Türmen". Mit dem breit ausladenden Querhaus und diesen mächtigen Osttürmen proklamierte das ferne Erzbistum seinen weltlichen Anspruch auf die Stadt, und zwar durchaus geharnischt, indessen sich die Stiftsherren später auf die beeindruckende Imponierpose eines radschlagenden Pfauen besannen.

Von der spätromanischen Kirche sind uns außer den unteren Turmgeschossen vor allem zwei Ausstattungsstücke geblieben, die zu den wertvollsten und, im wahrsten Sinn des Wortes, merkwürdigsten des Mariendomes überhaupt zählen. Das eine ist die um 1160 aus Stuck gefertigte Figur einer Muttergottes, die sich heute in der Winkelkapelle zwischen Chorhals und südlichem Querschiffarm befindet, das andere ist der „Wolfram".

Von dem Halbrund eines Reliefs umgeben, in dem je vier Märtyrerinnen mit Palmzweig, zwei Bischöfe und, im Bogenscheitel, Christus als Salvator dargestellt sind, sitzt Maria, das Christuskind auf dem Schoß, auf einem für diese Zeit typischen, allerdings durch reiche Ornamentierung zum Thron erhobenen Pfostenstuhl. Wenn auch die unglücklich ergänzten rechten Hände von Maria und Christus irritieren, strahlt das Sitzpaar doch insgesamt eine mächtige, erdhafte Würde und Monumentalität aus. Überall in den runden Vertiefungen, die das plastische Bild jetzt zeigt, waren Edelsteine oder Glasfluß eingelegt, und alles war in starken, leuchtenden Farben gefaßt. Auch befand sich die Figur ursprünglich nicht in der Kirche, sondern auf einem noch vorhandenen Altar in dem als Wallfahrtskapelle genutzten ersten Obergeschoß des Nordturmes. Von Westen, am Morgen, aus dem Dunkel der Kirche aufsteigend, mögen die wunderhungrigen Pilger die sie segnende Madonna im Heiligenschein natürlichen Lichts und geheimnisvollem diffusen Gefunkel von Farbe und Glas tatsächlich als eine Erscheinung aus einer anderen Welt erblickt haben. Ich fühlte mich allerdings auch an die Beschreibung der aus dem Eichsfeld stammenden Marktfrauen von Franzos erinnert, die wie die Erfurterinnen „auch blond, auch hübsch, aber eben nicht zierlich" waren, „weil ihnen der liebe Gott in seinem unerforschlichen Ratschluß sehr, sehr große Füße hat wachsen lassen". Instinktiv mochte aus dunkler Regung dieser Typus einer Urfrau, an dem auch sonst vieles „ungewöhnlich breit" war, unter den Formen der Zeit das eigentliche Muster für den Künstler abgegeben haben.

Manchmal steige ich über Mittag nur auf den Dom hinauf, um mir den „Wolfram" anzusehen, immer in der Hoffnung, daß diesmal die Absperrung gefallen ist und er ohne den störenden hölzernen Sockel auf dem Steinfußboden, vielleicht sogar wieder im Chor, steht. Im Prinzip bräuchte ich ein Fernglas, um ihn mir richtig anzuschauen, die durch den Wechsel des Lichts verursachte Stimmung seines scheinbar symmetrisch ebenmäßigen Gesichtes auf mich wirken zu lassen. Von kaltem Erschauern kann sie über grüblerisches Starren und ernstes Insichgekehrtsein bis zu gelassener Heiterkeit reichen, so daß nicht nur ich mich anfangs gefragt habe, warum diese wunderschöne Figur zum Kerzenständer degradiert und in diesen absonderlichen Bronzeständer mit kleinen Monstern an den Füßen

Abb. 39

Abb. 32–37

Abb. 36

Abb. 34

gestellt worden ist. Doch das Ganze ist eben mehr eine in liturgische Gebräuche und herrschende Ideologie sich einfügende Installation als Darstellung eines individuellen Einzelnen. Samt einer Fürbitte an die Gottesmutter sind auf den Gürtelenden der Figur auch ihre edlen Stifter „Wolframus" und „Hiltiburc" genannt, ersterer vermutlich ein in Urkunden des Jahres 1157 genannter Schultheiß, der seinen Sitz im Mainzer Hof im Brühl hatte. Als Richter gehörte er zur Führungskaste der mainzischen Stadtherrschaft, der „als oberster Stellvertreter des Erzbischofs" der sogenannte Viztum (vicedominus) vorstand. Auch wenn die Figur des Wolfram kein Porträt des Stifters ist, wird er sich in ihr wiedererkannt haben, als Körper des einen Körpers, der als Diener des Höchsten in die Zinnenmauern dieser Stadt gestellt ist und sie vor „Ungeheuern" beschützt und erleuchtet, indem er das Haus Gottes erhellt. Und dabei ist „Wolfram" – er trug ursprünglich noch eine dritte Kerze im Nacken – selbst ein von der göttlichen Dreieinigkeit Erleuchteter.

Bei all den schönen Teilen und Einzelheiten des Domes, die ich hier nicht aufzählen kann, verstört das Schiefe, das Aneinandergestückte seiner Räume, das ich immer wieder spüre, sobald ich ihn durch das hochgerühmte, zu den „Pretiosen gotischer Architektur in Deutschland" (Dehio) gezählte *Abb. 37* Triangel betrete. Der seit 1349 entstandene Langchor, durch den schmalen Chorhals wie abgewürgt vom Rest, das aufwendig gewölbte südliche Querhaus und die richtungslose, fast quadratische spätgotische Halle des 15. Jahrhunderts, sie alle scheinen irgendwie nichts miteinander zu tun haben zu wollen.

Das um 1330 errichtete, französischen Vorbildern verpflichtete, zweigeschossige Triangel besitzt gleich zwei Portale, eines zu der von der Stadt heraufführenden Treppe gekehrt, das andere zu dem früher hier gelegenen Friedhof. Von Bescheidenheit zeugt das nicht. Kann sein, hier wurde die alte Rivalität zum Erzbistum Magdeburg ausgetragen, gegen dessen Gründung durch Kaiser Otto I. sich der Mainzer Erzbischof Wilhelm – Sohn aus einer Friedelehe des späteren Kaisers mit einer vornehmen Slawin – bis zu seinem Tod gewehrt hatte. Diese im Jahr 968 endlich erfolgte Gründung kostete das dem Mainzer Stuhl unterstellte Bistum Halberstadt einen erheblichen Teil seines Territoriums. Die zuweilen alberne und übertriebene körperliche Eksta-

se, mit dem die klugen und törichten Jungfrauen in Erfurt das Magdeburger Vorbild übertrumpfen wollen, macht freilich die ganze Vergeblichkeit dieses Versuchs deutlich. Das zur Stadt weisende Apostelportal mit der vor die Mittelsäule gestellten Kirchenpatronin wird der Würde des Ortes viel besser gerecht.

Wo mit so viel Mitgefühl dreinblickende Nachdenklichkeit sich schon vor der Tür versammelt, glaubt sich der durch das Treppensteigen atemlose und eh sündenbeladene Mensch doch gleich ein wenig erhoben. Obwohl es möglicherweise – juristisch betrachtet – sein eigenes Apostelgesicht ist, das ihm da so verständnisvoll entgegen schaut. Für eine Spende zum Neubau des Chores beispielsweise gab es 40 Tage Ablaß. Meines Wissens ist das noch nicht untersucht worden, aber die Tatsache scheint mir unabweisbar, daß die Pracht und die Größe der mittelalterlichen Gotteshäuser im direkten Verhältnis zur Sündhaftigkeit der für ihren Bau spendenden, also zur tätigen Reue bereiten Bevölkerung stehen müssen. Der Glaube kann lediglich Berge versetzen. Die Sünde jedoch, Arm in Arm mit dem unberechenbaren Glauben an Vergebung, baut Kathedralen.

Kaum war eine erste Chorerweiterung vollendet, beschloß die um 1300 auf die beachtliche Zahl von einhundert angewachsene Mannschaft der Stiftsherren einen noch größeren Neubau. Nicht nur der *Abb. 32* Geist wollte dem heiligsten Ort der Kirche nahe sein. Wohl an die fünfzig Jahre wurde an den sogenannten Kavaten gebaut, Substruktionen aus zwei Etagen Kellergewölben und der Krypta, in denen die Gebeine Adolars und Eobans ruhen. Im Frühjahr 1349 schlugen die Steinmetze die ersten Steine für den neuen Chor und legten den Grundstein. Doch dauerte es nochmals um die zwanzig Jahre bis zur Chorweihe und dem ersten Gottesdienst.

Vom Fuß der Kavaten bis zur Dachtraufe des Chores steigt der Blick über vierzig Meter empor, getragen von den steinernen Fontänen der Kavatenbögen, eingesponnen ins Maßwerkfiligran der großen, die Wandflächen auflösenden Fenster und getrieben von den spitzen „Pfeilen" der Strebebögen und ihren Fialen, die aussehen, als wollten sie sich mit ihren widerhakigen Krabben und Kreuzblumen tatsächlich für immer in den Himmel verankern.

Im Inneren des dem großen Vorbild der Sainte-Chapelle in Paris grandios folgenden Chores *Abb. 33* herrscht gedämpfter Sphärenklang. Gedämpft freilich nicht nur wegen der wunderbaren Glasmalerei, sondern auch wegen des grünlichgrauen Wettersteins, der die Scheiben von außen belagert. „Man muß sich", so schreibt Edgar Lehmann, „schon zu solchen Stätten höchster europäischer Berühmtheit auf dem Felde der Glasmalerei wie Köln oder Straßburg, Chartres oder Paris bemühen, um etwas Vergleichbares zu finden." Die in den Schönheiten ihrer Details im Grunde ja erst durch die Farbfotografie erschlossenen Scheiben sind zu einem großen Teil noch in ihrem Originalbestand aus der Zeit von etwa 1370 bis nach 1416 erhalten. Die zwei verlorenen südlichsten Fenster hat Charles Crodel 1960 mit der Legende der heiligen Elisabeth und Szenen der geheimen Offenbarung gefüllt. Den danach größten Verlust im Achsfenster des Chores verbirgt der in sehr direkter Prächtigkeit prahlende Barockaltar. Dort sind nur noch Fragmente aus der Geschichte der Kirchenpatronin erhalten. Nach Süden folgen Fenster zur Genesis, zu dem ältesten Patriarchen Abraham, zu Jakob sowie dessen Sohn Joseph und das nach seinem Stifter benannte „Tiefengrubenfenster", auf dem neben anderem eine Marienkrönung dargestellt ist. Im Norden zeigen die achtzehn Meter hohen Glasgemälde Szenen der Passion Christi, die Apostel, die Martyrien der Apostel, Szenen aus den Legenden der Heiligen Katharina, des Eustachius, des Bonifatius und aus der Geschichte des Heiligen Kreuzes.

Abb. 35

Auch die Schnitzereien auf dem unter den seitlichen Fenstern ruhenden, aus der Erbauungszeit des Chores stammenden und von filigranen Baldachinen bekrönten Gestühl scheinen vor Erzählfreude geradezu bersten zu wollen. Da trägt ein mädchenhafter Christophorus den Jesusknaben mit schlanken Fingern durch das Gewimmel merkwürdiger Schlangen- und Drachentiere, der verzweifelte Judas Ischarioth erhängt sich an einem Baum, aus dem eine Teufelsmaske die Zunge bleckt. Eine Weinranke verbindet Szenen aus dem Weinbau mit dem Sündenfall. In einer anderen sitzt der Harfe spielende König David, der „Prototyp Christi", über musizierenden Engeln, indessen unten der Ritter des Christentums mit spitzer Lanze das ungeschützt auf einer Sau anreitende Judentum liquidiert. Man könnte einen ganzen Tag und mehr zubringen, nur dieses Chorgestühl zu betrachten.

Indem die Stiftsherren während der Stundengebete und Messen Platz nahmen, zeigten sie nicht nur ihre Mitgliedschaft im Kapitel der Stiftskirche, sondern auch den Besitz ihrer Pfründe an.

Ich sah sie sitzen, in ihren schwarzen Kleidern, die kalten Hände in die Ärmel gezogen, in der Eichenschwärze ihres Gestühls, so daß nur noch ihre weiß bis rosa leuchtenden Köpfe hervorlugten. Farbiges Licht sickerte in den hohen Raum, und der Atem der Menschen vermischte sich mit dem Schleier des Weihrauchs. Ich war in einem Gewächshaus des Glaubens, einem Kalthaus, in dem die sich nun zum Gesang öffnenden Gesichter der Geistlichen aus den Eichenkästen der Stühle, aus ihren schwarzen Kleidern wie blasse Keime aus Humus zum Licht sich hoben, um dem höchsten der Gärtner ihr Halleluja zu singen.

Gründe genug dafür gab es, denn das Marienstift war über das gesamte Mittelalter hinweg das größte der fünf thüringischen Archidiakonate und hatte Besitz und Rechte, die im Osten bis zur Saale reichten. Sein Verwaltungsbezirk umfaßte 504 Pfarreien und war damit größer als manches Bistum. Vom schönsten Balkon Erfurts, vom offenen Chorumgang über den Kavaten, vor denen nun schon Weihnachtsbäume und Reisig verkauft wurden, mögen sie sich tatsächlich wie der Papst gefühlt und ihr „Rom" erblickt haben. Anfang des 14. Jahrhunderts bestanden in der Stadt allein 15 Stifts- und Klosterkirchen, über 20 Pfarrkirchen und eine nicht geringe Zahl kleinerer Kapellen. Trotz vieler Verluste, ein Großteil davon hat sich bis heute erhalten: „Erfordia turrita", das immer wieder beschworene „turmreiche Erfurt", ist also nicht nur romantische Reminiszenz. Fünf gotische Türme von aus verschiedenen Gründen abgerissenen Kirchen scheinen offenbar nur stehengelassen worden zu sein, um diesen Beinamen nicht zu verlieren.

Abb. 44, 79

Es ist natürlich unmöglich, alle die Kapellen, Türme und Kirchen hier zu beschreiben. Neben der bereits erwähnten Michaeliskirche und der Allerheiligenkirche müßte aber doch zumindest die frisch sanierte, Mitte des 14. Jahrhunderts erbaute Andreaskirche im gleichnamigen Viertel nördlich des Domplatzes genannt werden, an ihrem Südportal Skulpturen und ein Kreuzigungsrelief aus der Werkstatt, in der auch der Severisarkophag entstand. Christian Gotthilf Salzmann war hier 1772–81 Pfarrer. Der Aufklärer, der nach seiner Erfurter Zeit als Religionslehrer an das berühmte Dessauer Philanthropin wechselte, gründete mit Unterstützung

Abb. 45, 56

des Quedlinburgers GutsMuths 1784 eine diesem Vorbild verpflichtete Schule in dem heute in Waltershausen eingemeindeten Schnepfenthal.

Schon 1136 kamen irische Benediktiner in die Stadt. Nach dem Stadtbrand von 1472 und im Barock erhielt ihre damals erbaute Kirche in der Schottenstraße ihr heutiges Gesicht. Zu der Benennung kam es, weil das 1820 aufgehobene und 1854/55 abgebrochene Kloster wenige Jahre vor der Reformation von schottischen Mönchen übernommen worden war.

Im Falle der Kaufmannskirche, der 1248 erstmals erwähnten „ecclesia mercatorum", der größten der mittelalterlichen Pfarrkirchen der Stadt, vermutet man eine Gründung durch friesische Fernhändler. Etwas brüsk erhebt sich die nach dem Stadtbrand von 1291 neu erbaute Kirche in ihrem schwärzlichen Sandsteingewand auf kleinem Grundriß relativ hoch aus der Straßeninsel des hier in die Johannesstraße mündenden Anger. Diese stolze Höhe

Abb. 74

charakterisiert auch den Innenraum und das Hauptstück ihrer Ausstattung, einen etwa achteinhalb Meter in den Chor steigenden, geschnitzten Altaraufbau, in dem die einst bodenständige Renaissance sich noch einmal nach der Esoterik der späten Gotik zurücksehnt, ehe sie sich dem Barock hingibt.

Wie anders mutet da das vis-à-vis des Platzes glückenhaft in alter Ummauerung hockende Ursulinenkloster an. Der Orden der heiligen Maria Magdalena nahm sich dort seit 1198 der „Reuerinnen", „gefallener" Frauen und Mädchen, an. 1667 ging das Kloster in die Hände des Ursulinerordens über und ist fast ohne Unterbrechung bis heute besetzt geblieben. Die in der Klausur aufbewahrte, in originaler Farbigkeit der Zeit um 1320 gefaßte Pietà ist das bedeutendste Ausstattungsstück. Sie evoziert in ihrer unaufgelösten Spannung zwischen hilfloser Trauer und unschuldigem Opfer noch heute ein ganzes Feld bedrängender Assoziationen und tritt unterderhand in Zwiesprache mit dem berühmten Regleraltar.

In der zweiten Wandlung dieses Altars – es sind nur ein paar Schritte vom Kloster zur Reglerkirche in der Bahnhofstraße – haben dann die, die Christus gemartert haben, ihren Auftritt. Abstrus verwinkelte, starre Gliedmaßen, verrenkte Körper mit gedemütigten, brutalisierten Gesichtern dringen auf einen Judenkönig ein, der in stilisierter Pose unter seiner Krone aus Dornen in die Knie bricht. Die filigrane, spätgotische Architektur, in der die ekstatische Folter stattfindet, trägt einen Balkon mit Leuten: Figurenpaaren, die dem unter ihnen ablaufenden Geschehen kommentierend, erschrocken, nachdenklich oder kühl folgen, indessen in einem weiteren, dem obersten Balkon als Vertreter des Höchsten Engel einfach schlafen oder pflichtgemäß die Hände wringen. Die zwölf in ihren Nischen auf der Alltagsseite des Altars so unmißverständlich zuvörderst im eigenen Schicksal gefangenen Heiligen hatten schon ahnen lassen, daß in dieser Sache nichts zu machen sei. Das Neuzeitliche aber ist, so scheint mir, daß da vom Balkon Leute zuschauen, die den „Schauspielern" unter ihnen nicht unähnlich sind. Das bis dahin oft ganz naiv und direkt der eigenen Zeit anverwandelte, immerwährende „Stück" begann nun Geschichte zu werden, und man trennte sich von ihm ab.

Nur drei der noch existierenden und wirklich großen Kirchen in der Stadt haben sich der allgemeinen Verpflichtung zur Turmvermehrung aus programmatischen Gründen entzogen und sich jeweils nur auf ein minarettartiges Glockentürmchen beschränkt. Wie um 1100 die ersten Benediktiner auf dem Petersberg oder die „canonici regulares", die regulierten Chorherren, waren es im 13. Jahrhundert die sogenannten Bettelorden – Franziskaner, Dominikaner, Augustiner-Eremiten –, die im Zeichen der apostolischen Nachfolge Christi und den Forderungen nach Armut, Keuschheit und Gehorsam folgend, die Idee von der Reform des mönchischen Lebens gegen die in die Geschäfte der Welt verstrickte etablierte Kirche auch in Erfurt neu zu beleben versuchten.

Nicht erhöht und abgeschlossen wie das Marien- und das Severistift, sondern mitten in der Stadt, zu beiden Seiten des Breitstroms, ließen sich die Franziskaner und die Dominikaner nieder. Vom Chorumgang des Marienstifts mögen die langen Scheitel der Dachfirste ihrer schmalen Kirchen in der engen *Abb. 46* und unübersichtlichen Winkligkeit der Gassen und Plätze einst wie gegen die Quirligkeit und Indifferenz der Zeit gesetzte Sperrmauern ausgesehen haben.

Hinter der hohen, beherrschten Stirn der Westfassade der von den Dominikanern in über hundertjähriger Bauzeit errichteten Predigerkirche schei- *Abb. 73* nen das altgermanische Pfostenhaus und die aus den Markthallen Vorderasiens entwickelte frühchristliche Basilika schon einmal vorzeitig in der Maschi-

Abb. 54

nenhalle des Industriezeitalters aufgehen zu wollen. In technischer Exaktheit folgt Pfeiler auf Pfeiler, Bogen auf Bogen in geradester Linie, wie ins Unendliche fortsetzbar. Die edlen Proportionen dieses wundervollen Gebäudes weisen darauf hin, daß hier ein auf das äußerste disziplinierter, menschlicher Geist gewirkt hat. Wenn im Spätherbst um Mittag die Sonne nach Westen wechselt, die südlichen Gewölbewangen weiß beleuchtet und auf der Gegenseite weiße Punkte erzeugt, tritt allerdings auch das Unheimliche dieser Beherrschung hervor, und man kann sich, wenn man nur will, wie Jona im Walfisch oder der letzte Mensch im möglicherweise letzten U-Boot fühlen.

Das Kirchenschiff der von den Franziskanern am anderen Ufer der Gera geschaffenen Barfüßerkirche ist 1944 durch eine Luftmine zerstört worden und erzeugt selbst mit dem Wissen um diese Geschichte eine romantisch wirkende Kulisse an nebligen Herbstabenden. In dem heute vom Angermuseum genutzten Chor haben sich Teile der wertvollen Glasmalerei aus der Zeit um 1230/40 erhalten, unter anderem zwei Szenen der Franziskuslegende: die Stigmatisation und die Bestätigung der Ordensregel durch den Papst.

Der reiche Kaufmannssohn und spätere Ordensgründer der Franziskaner, Franz von Assisi, war das, was man heute salopp einen Aussteiger nennen könnte. Er sprach ja nicht nur mit Zikaden, Schwalben oder Hasen. Er schlug sein Erbe aus und verließ seine Eltern, aß mit Aussätzigen aus einer Schüssel und wünschte, sein Körper möge nach seinem Tod auf der Schädelstätte am Rand der Stadt begraben werden. Das geschah auch, und zwar bezeichnenderweise in einem Felsengrab. Franziskus sah aus, „als sei er frisch vom Kreuz herabgekommen, als seien seine Hände und Füße von Nägeln durchbohrt und die rechte Seite wie von einer Lanze verwundet". Erst 1818 fand man die Gebeine des schon 1228 heilig gesprochenen Franziskus in der Mutterkirche des Ordens in Assisi.

Die Franziskaner, „die das urchristliche Armuts- und Askeseideal nicht elitär, sondern gesamtgesellschaftlich" (Ernst Badstübner) verstanden, rekrutierten sich vielfach aus eben den unteren sozialen Schichten der Stadtbevölkerung, aus denen auch die häretischen Katharer und Waldenser kamen, die sie nun bekehren sollten. Als Streetworker des Glaubens taten sie das hauptsächlich von der Seite des Gefühls, der Mitmenschlichkeit, der Mitgöttlich-

keit. Nachdem Papst Honorius III. nach zwei vergeblichen Anläufen den Orden 1223 schließlich doch bestätigte, ermahnte er die Brüder ausdrücklich zu unbedingtem Gehorsam gegen den heiligen Stuhl.

Sicherheitsbedenken waren der Grund, weswegen Barfüßer und Dominikaner in den mittelalterlichen Städten häufig gemeinsam anzutreffen waren. Den bereits seit Ende 1224 in Erfurt aktiven, vor allem von der Bürgerschaft unterstützten Franziskanern folgte demgemäß fünf Jahre später ein Konvent von Dominikanern, allerdings mit ausdrücklicher Förderung des Erzbischofs von Mainz. Sowohl der Geistlichkeit als auch der gesamten Bürgerschaft befahl dieser am 21. Juni 1229 Aufnahme und Unterstützung des neuen Ordens.

Im Gegensatz zu den Franziskanern erwuchs die Gründung des Dominikanerordens aus einer geistigen Erschütterung über den desolaten Zustand der Kirche. Der bereits auf der kirchlichen Karriereleiter aufwärts kletternde Dominikus entdeckte in der von den ketzerischen Albingensern abgeschauten Praxis der Armut und Wanderpredigt ein wirksames Mittel, die vom wahren Glauben Abgefallenen zurückzugewinnen, und entwickelte daraus die Doktrin für seinen straff geführten, schon 1232 mit der Leitung der Inquisition beauftragten Orden.

Es ist immer wieder frappierend zu beobachten, in welchen Symbolen beispielsweise das Selbstverständnis eines solchen Ordens sich verdichtete. Neben Buch, Kreuz, Lilienstengel, einem roten Stern und dem Rosenkranz wird der heilige Dominikus mit einem schwarzweißen Hund dargestellt, der eine Fackel im Maul trägt. Seine Mutter hatte vor seiner Geburt geträumt, sie trage einen solchen Hund im Leib, und der werde mit seiner Fackel die ganze Welt anstecken: Schnüffler und Wächter, halb Höllen-, halb Himmelhund, zum einen Teil Erleuchter, zum anderen Brandstifter – keiner sage, die Dominikaner kannten sich nicht aus, mit sich selbst und mit der Welt.

Der hohe intellektuelle Ehrgeiz, den der Orden im Kampf gegen die Ketzerei entwickelte, führte auf der anderen Seite notwendig weit über die Grenzen der eigenen Doktrin hinaus. Albertus Magnus, Thomas von Aquin und – in Erfurt – Meister Eckhart sind bis in die Gegenwart leuchtende Geister dieses Ordens.

Etwa 15jährig war Eckhart in Erfurt in den Orden eingetreten. Nach Studien in Paris und Köln wurde

Abb. 9: Barfüßerkirche, Chor von Nordosten (1930)

er 1294 Prior seines Mutterklosters und später Vikar von Thüringen, 1303–11 Provinzial der Ordensprovinz Saxonia und 1323 Leiter des Generalstudiums der Dominikaner in Köln, um nur einige Stationen seiner Karriere zu nennen. Doch das Leben, die Existenz, seine Arbeit im Orden waren für ihn „nur der Vorhof Gottes". Der Tempel war das Erkennen. „Deus est intelligere", sagte Eckhart, Gott ist das Erkennen. So hatte er sich vor der Inquisition unter anderem wegen seiner Auffassung zur Gottesgeburt in der Seele zu rechtfertigen. „Der Vater", so hatte er geschrieben, „gebiert seinen Sohn ohne Unterlaß – und ich sage noch mehr: Er gebiert mich als seinen Sohn und denselben Sohn. Ja, weiter: Er gebiert mich nicht allein als seinen Sohn, vielmehr, er gebiert mich als sich und sich als mich, mich als seinen Sohn und seine Natur! Im innersten Quell, da quelle ich aus dem Heiligen Geist, da ist ein Leben und ein Wesen und ein Werk! Alles, was Gott wirkt, das ist eines; darum gebiert er mich als seinen Sohn ohne allen Unterschied."

Der Grenzenlosigkeit in Eckharts Denken scheint es zu entsprechen, daß man weder Geburts- noch Sterbedaten oder -orte weiß: „Um 1260 in Thüringen" geboren und „wohl 1328" gestorben, vermutlich irgendwo zwischen Köln und Avignon, wohin er 1327 zum Verhör vor der Inquisition gereist war. Wie die meisten seiner Dienstreisen hatte er wahrscheinlich auch diese zu Fuß unternommen. Die päpstliche Bulle „In agro dominico" vom 27. März 1329 jedenfalls – sie bezeichnete siebzehn seiner Sätze als ketzerisch und elf als der Ketzerei verdächtig – richtete sich gegen einen Toten.

Der Erfurter Konvent der Augustiner-Erememiten, der dritte große Bettelorden der Stadt, findet heute vor allem deswegen in den Geschichtsbüchern eine besondere Erwähnung, weil Martin Luther aus ihm hervorgegangen ist. Im Bereich des einstigen Dormitoriums des Klosters wird dem Besucher eine karge Zelle mit einem Holzgitterchen neben der Tür als „Lutherzelle" gezeigt, die freilich eine 1983 entstandene Rekonstruktion der schon im 16. Jahrhundert gezeigten Kammer ist. Das originale Gehäuse fiel einem Brand des Schlafsaales 1872 zum Opfer, wie überhaupt vor allem der Klosterbezirk über die Jahrhunderte seiner Existenz zahlreichen Eingriffen, Ergänzungen, Zerstörungen und Rekonstruktionen ausgesetzt gewesen ist. Zuletzt waren es Fliegerbomben, die Ende des Zweiten Weltkrieges wesentliche Teile der Anlage zerstörten. 267 Menschen, die sich im Keller des spätgotischen, nach dem Krieg nicht wieder aufgebauten Bibliotheksgebäude sicher glaubten, fanden dort den Tod.

In seiner schiefen, sich in den Stadtorganismus drängenden Struktur mehrerer aneinandergedrängter Höfe bietet das zum großen Teil noch immer von seinen alten Mauern umgebene Areal gleichwohl das lebendigste und sinnlich verständlichste Beispiel eines Klosters in einer mittelalterlichen Großstadt, wie sie Erfurt gewesen ist.

Ich weiß nicht, was die Leute in dieser Zeit empfanden. Als ich das erste Mal an der hohen Mauer der Comthurgasse entlang, durch die schmale Kirchgasse hindurch, einen Eingang suchte, fühlte ich mich abgewehrt und ausgeschlossen, zugleich freilich angezogen von etwas Ernstem, Unverständlichem und deswegen wohl auch ein wenig Unheimlichem. Die mir feucht und lichtlos entgegentretende hohe Nordwand der die Augustinerstraße beherrschenden Kirche verstärkte diesen Eindruck nur, den selbst der Innenraum nicht abzuschwächen vermochte. Die purifizierenden Restaurierungen des 19. und 20. Jahrhunderts mochten das ihre dazu getan haben, doch scheint hier die für die Bettelordensarchitektur typische Zurückhaltung bezüglich architektonischer Ausschmückungen besonders ausgeprägt gewesen zu sein. Trotzdem die wertvol-

len mittelalterlichen Chorfenster zu glimmen begannen, das einzigartige Augustinusfenster, Leben und Passion Jesu, strenge, geheimnisvolle Ornamente – im Ganzen strahlte dieser Raum unter der mächtigen hölzernen Spitztonne, die wie der Kiel eines gekenterten Schiffes aussieht, etwas Protestantisch-Freudloses auf mich aus, zumal draußen vor der Tür die hellste Herbstsonne schien, das Laub am Boden funkelte, ein paar Leute lachend beieinander standen und in der Ferne sich Gespräch mit dem sanften Klirren von Geschirr mischte.

Die Kommilitonen, die sich am 16. Juli 1505 vor der Pforte des Eremiten-Klosters von ihrem Freund Martin Luther verabschiedeten, sollen dagegen geweint haben, gehörte doch der Erfurter Konvent zum Zweig der reformierten Gemeinschaften innerhalb des sich als „Arzt der Kirche" verstehenden Ordens und war, wie der Historiker Horst Rabe schrieb, für eine ausgesprochen strenge klösterliche

Abb. 10: Das Augustinerkloster nach dem Luftangriff vom 25. Februar 1945

Abb. 77

Abb. 2

Abb. 70

Zucht bekannt. Es liegt nahe, eine nicht allzu große Sympathie zwischen einer weltlich eingestellten Studentenschaft und den Mönchen des „Schwarzen Klosters" zu vermuten.

Schon die im Jahr 1266 mit der einschränkenden Maßgabe, Rechte anderer nicht zu beeinträchtigen, durch den Erzbischof von Mainz genehmigte Ansiedlung des Ordens in Erfurt hatte sich ja als durchaus problematisch erwiesen. Sieben Jahre später zerstörten Bürger die Häuser der Augustiner und jagten die Mönche aus der Stadt, vielleicht sogar unter Beteiligung von Franziskaner- und Dominikanermönchen. Daß die Stadt sie auf Drängen des Erzbischofs nach ein paar Jahren wieder in ihre Mauern aufnahm und sie überdies unter ihren Schutz stellte, bedeutete nicht das Ende der Auseinandersetzungen.

Während der Stadt durch den anwachsenden Besitz der „toten Hand" immer größere Löcher in ihr Steuersäckel gerissen wurden, waren die gleichsam grenzenlos agierenden Bettelorden sowohl untereinander als auch gegenüber dem auf seinen Gemeindebezirk verwiesenen Pfarrklerus nicht nur direkte Konkurrenten auf dem Feld bürgerlicher Stiftungen, aus deren Mitteln sie beispielsweise ihre Kirchen errichteten. Darüber hinaus stritten sie um die Erlaubnis, auch in den Pfarreien predigen zu dürfen, Beichte zu hören und Absolution zu erteilen sowie Messen zu lesen oder Almosen zu sammeln. Sie stritten für oder gegen die Gültigkeit dieser geistlichen Handlungen und ihre jeweiligen von der Obrigkeit diesbezüglich erteilten Privilegien. Und sie stritten um die Toten, um das äußerst lukrative Begräbnisrecht, an dem zumeist die nicht unerheblichen Einkünfte aus den noch über Jahre hinweg am Sterbetag des Toten zu haltenden Seelenmessen hingen.

So lauter und ehrenwert ihre Absichten, so enthusiastisch und voller Opfergeist ihr Beginnen – an dem Ziel, die apostolische Kirche von innen heraus zu reformieren oder gar auf ihre Ursprünge zurückzuführen, scheiterten alle der über die Jahrhunderte antretenden Reformorden, von denen die Bettelorden sozusagen das letzte vorprotestantische Aufgebot darstellten. Meist nur mit großer Mühe bewahrten sie ihre einstigen Ziele wenigstens innerhalb der jeweiligen Ordensgemeinschaft. Dem äußeren, wirtschaftlichen und politischen Funktionieren, dem offensichtlichen Zwang zur Anhäufung von Gütern und Ämtern in Kirche und Gesellschaft widerstanden sie nicht und drohten, gleich Blutgerinnseln in Arterien, die vitalen Funktionen der im Wandel begriffenen Gesellschaft zu blockieren. Erst durch die von den protestantischen Bewegungen in Europa herbeigeführte Spaltung der Kirche öffnete sich auch der unter päpstlicher Hoheit verbliebene Teil grundsätzlichen Reformen. Sie verbanden sich wiederum mit dem Namen eines Ordens, nämlich dem der Jesuiten, der bis zu seiner zeitweiligen Auflösung im Jahr 1773 auch in Erfurt, zuletzt aus dem „Jesuitenkolleg" in der Schlösserstraße heraus, aktiv gewesen ist.

Wie die übrigen Novizen hatte sich auch Martin Luther während der Aufnahmefeierlichkeiten in seinen Konvent in Kreuzform auf dem noch heute vor dem Altar der Klosterkirche befindlichen Grabstein des Dr. Johannes Zachariae auszustrecken und das Gelübde zu sprechen.

Zachariae, dessen Bild später ziemlich rüde durch die Sterbedaten dreier ebenfalls unter diesem Stein beigesetzter Pastoren ruiniert worden ist, soll knapp hundert Jahre vor Luther, als Abgesandter der Erfurter Universität, auf dem Konzil zu Konstanz entscheidend dazu beigetragen haben, den böhmischen Reformator Johannes Hus auf den Scheiterhaufen der Inquisition zu bringen, eine Überlieferung, die heute bestritten wird. Doch wie dem auch sei. Für den stolzen Orden war Zachariae damals der vom Kaiser mit einer „Goldenen Rose" ausgezeichnete „Überwinder des Ketzers". Der später zu jenem „Schwan" stilisierte Luther, den Hus („Gans") im Angesicht des nahen Todes als seinen triumphierenden Nachfolger prophezeit haben soll, warf sich also dem „Mörder" seines Propheten an, oder richtiger, auf die Brust, ganz offenbar dazu entschlossen, dessen Gesetzen zu gehorchen.

Doch nicht die rauhe Mönchskutte, sondern das Kleid des Juristen in höheren Diensten hatte dem Mansfelder Hüttenmeister Hans Luder vor Augen gestanden, als er seinen Sohn über Schulen in Mansfeld, Eisenach und Magdeburg 1501 schließlich an die Universität nach Erfurt geschickt hatte. Die durch eine Gründungsurkunde des Papstes Urban VI. 1389 privilegierte und drei Jahre später von den Bürgern etablierte Hochschule war während des 15. Jahrhunderts neben den Universitäten in Köln, Trier und Mainz zu einer der angesehensten Lehranstalten Deutschlands emporgestiegen

Abb. 11: „Collegium maius“, Michaelisstraße und Michaeliskirche (um 1920)

und wurde als „Bologna des Nordens“ gerühmt. Trotzdem ging man, wenn es die väterliche Börse hergab, insbesondere zum Studium der Juristerei doch lieber nach Süden, über die Alpen, zumal die Erfurter Alma mater gerade um 1500 merklich zu kränkeln begann und bis zu ihrer völligen Auflösung durch den preußischen Staat im Jahr 1816 nie mehr so recht zu Gesundheit kommen sollte.

Die Hoffnung aber, Erfurt eines Tages doch wieder unter den deutschen Universitätsstädten verzeichnet zu finden, konnten weder die preußische Bürokratie noch die sozialistische Planwirtschaft gänzlich ausmerzen, und so gab es schon kurz nach dem Fall der Mauer sehr ernsthafte Versuche einer Wiedereröffnung, die 1994 letztlich zur Neugründung der bislang jüngsten staatlichen Universität Deutschlands führten. Gerade ist am Rande weiterer Baugruben die neue Universitätsbibliothek eröffnet worden, eine transparente, fast provisorisch wirkende, sachliche Konstruktion, die sich da in den thüringischen Himmel schneidet. Sie befindet sich jedoch nicht wie zu Luthers Zeiten und gleich ihren beiden noblen Vorgängerinnen – der alten Universitätsbibliothek und der „Bibliotheca Amploniana“ – im alten „Lateinischen Viertel“ um Allerheiligen- und Michaelisstraße, sondern draußen, an der Nordhäuser Straße, in enger Nachbarschaft der dort seit den fünfziger Jahren des vorigen Jahrhunderts entstandenen Gebäude der Pädagogischen Hochschule.

Freilich wären wir nicht in Erfurt, wenn ein solcher Auszug ins Freie nicht durch eine verstärkte Bemühung um Geschichte ausgewogen würde. Deren sichtbarstes Symbol ist der Wiederaufbau des bedeutendsten der alten Universitätsgebäude, des „Collegium maius“ vis-à-vis der alten Michaelis *Abb. 71* kirche, die heute wieder Universitätskirche ist. Wie im „Haus zur großen Arche Noä und Engelsburg“ – in dessen Vorgängerbau der zweite Rektor und Stifter der oben genannten, berühmten mittelalterlichen Handschriftenbibliothek Amplonius Ratinck lebte – das „Internationale Begegnungszentrum der Universität Erfurt“ seine Heimstatt gefunden hat, so soll auch das „Große Kolleg“ einmal für Vorle-

31

sungen und wissenschaftliche Veranstaltungen genutzt werden. Und wenn dazu das Vorhaben, Studenten und Professoren auf Dauer im Kreis der „Alma mater Erfordensis" anzusiedeln, glückt, so kann eine respektierliche Wiederbelebung gelingen. Jenes im wahrsten Sinne des Wortes hautnahe Beieinander – jene gleichsam physische und psychische „Vernetzung" von Denken und praktischem Wirtschaften, Studienbetrieb und bürgerlichem Alltag –, das es hier im 15. und 16. Jahrhundert gegeben hat, bleibt natürlich Vergangenheit.

Abb. 64

Neben den Studenten in den Bursen und Kollegienhäusern – um 1480 zwängten sich in die zwanzig Säle des „Collegiums Amplonianum" circa 400 Studenten und Magister – lebten hier Professoren, Ratsherren, Waidhändler und andere Kaufleute; Handwerker, wie Barbiere, Schuhmacher, Gerber oder Pergamenter in den angrenzenden Gassen und – als unverzichtbare Mittler der heftigen geistigen Diskurse dieser Zeit – Buchhändler, Buchbinder und vor allem Buchdrucker.

Abb. 56

In einem der ältesten Gebäude der Allerheiligenstraße, im „Haus zum güldenen Stern", druckte 1473 Johannes Funke den ersten Ablaßbrief Deutschlands mit beweglichen Lettern. Im jüngst restaurierten „Haus zum schwarzen Horn" in der Michaelisstraße entstanden um 1500 die ersten umfänglichen Drucksachen aus griechischen Typen und bis 1507 Schriften der Universitätsprofessoren Jodokus Trutfetter und Bartholomaeus Arnoldi von Usingen. Endlich druckte Mathes Maler, der seinem Vorgänger Wolfgang Schenk nicht zuerst als Drucker, sondern als Ehemann folgte, mehrere Auflagen des Rechenbuches von Adam Ries, reformatorische Schriften Luthers und Manuskripte des Erfurter Dichterfürsten Eobanus Hessus sowie allerlei protestantische Flugschriften und Predigten.

Doch Erfurt machte Anfang des 16. Jahrhunderts sowohl in der „Schwarzen Kunst" der Druckerei als auch der „Schwarzen Kunst" der Magie auf sich aufmerksam, wobei vielen die Druckerei teuflischer schien als die Magie, die sich in der thüringischen Metropole vor allem mit der später durch das Volksbuch und durch Goethe populär gewordenen Figur des Dr. Faustus verband.

„Vor acht Tagen", so berichtete Mutian 1513, „kam ein Chiromant nach Erfurt, namens Georgius Faustus Helmitheus Hedelbergensis, ein bloßer Prahler und Narr. Seine Kunst, wie die aller Wahrsager, ist eitel und eine solche Physiognomie leichter als eine Wasserspinne. Die Unkundigen staunen es an. Gegen ihn", so Mutian zornig, „sollten sich die Theologen erheben, statt daß sie den Philosophen Reuchlin wegen seines ,Augenspiegels' zu vernichten suchen."

Der vor allem durch seine Briefe berühmt gewordene Konrad Mutian alias Mutianus Rufus alias Konrad Muth war seit 1506 Kopf jenes Kreises humanistischer Gelehrter, Theologen und Schriftsteller, welcher sich in Erfurt seit der Jahrhundertwende zunächst um den als „Thuringius" geehrten Nikolaus Marschalk geschart hatte. Marschalk war aber wegen der dort kostenlosen Promotionsverfahren schon 1502 nach Wittenberg gegangen.

Von den an der Universität die Lehrmeinung diktierenden Scholastikern als „Poeten" beschimpft, galt es als ihr vornehmliches Ziel, Wissen und Bildung wieder aus den Quellen, aus den ursprünglichen, originalsprachigen Texten, und nicht aus glatt geschmirgelten Kommentaren oder Übersetzungen zu schöpfen. Und das betraf sowohl die christliche Literatur als auch die antike oder jüdische, was humanistische Gelehrte später freilich oft gleichzeitig zu Verbündeten wie Gegnern der europäischen Reformationen werden ließ.

Neben Marschalk und Mutian gehörten dem wechselnden Kreis unter anderem der spätere Hofkaplan und Berater Friedrichs des Weisen sowie Freund Luthers, Georg Spalatin, an; der Schriftsteller Crotus Rubeanus alias Johannes Jäger, zeitweise Rektor der Universität und als Domherr zu Halle für Kardinal Albrecht von Mainz Verfasser der gegen Luther gerichteten *Apologia*; der Dichter und „Ritterhumanist" Ulrich von Hutten, der, 1517 noch von Kaiser Maximilian in Augsburg zum „poeta laureatus" gekrönt, nach heftigen Ausfällen gegen Papst und Pfaffentum und geschwächt von Verfolgung und Syphilis schon 1523 in seinem durch Zwingli vermittelten Asyl auf einer Insel im Zürcher See starb; der Freund Luthers und spätere Reformator Halles, Justus Jonas alias Jodokus Koch; der seit ihrer gemeinsamen Zeit bei den Augustiner-Eremiten gleichfalls mit Luther befreundete und die Erfurter Reformation etwas zu schwach führende Johannes Lang; schließlich Euricius Cordus alias Heinrich Ritze, der sich, nachdem er in Erfurt studiert und als Rektor der Domstiftsschule Poesie und Rhetorik gelehrt hatte, dem Studium der Medizin zuwandte und 1521 einen diesbezüglichen Doktortitel im italienischen Ferrara erwarb. Neben dem bereits erwähnten Hessus, mit dem er die Herkunft aus dem niederen Stand, nämlich einer Bauernfamilie, teilte, war er der originärste Poet des Kreises. Helius Eobanus Hessus alias Eoban Koch, begeisterter Lehrer, Übersetzer und Liebhaber guter Weine, darf wohl als der bedeutendste neulateinische Dichter des deutschen Humanismus gelten. Er war zugleich der letzte große Protagonist, der einen Kreis Gleichgesinnter seit 1516 bis in die Mitte der zwanziger Jahre in der Bohlenstube der als „Humanistenerker" bezeichneten Auskragung an der alten „Engelsburg" in der Allerheiligenstraße um sich versammeln konnte.

In der sogenannten „Reuchlin-Affäre" nun, welche Mutian in seiner Notiz zu dem legendären Schwarzkünstler Dr. Faustus erwähnte, sollten sich die Erfurter bald mit ihren *Dunkelmännerbriefen* (Epistolae obscurorum virorum), der wohl wirkungsmächtigsten Satire des deutschen Humanismus gegen Scholastik und Papstkirche, zu Wort melden. Vor allem Rubeanus und Hutten gelten als Verfasser dieser bis heute anonym gebliebenen fingierten Briefe.

In einem von ihm abgeforderten Gutachten bezüglich der Einziehung und Vernichtung jüdischen Schriftgutes hatte es der in seiner Philosophie antikes, jüdisches und christliches Ideengut vereinigende Reuchlin gewagt, lediglich ganz offenkundig antichristliche Pamphlete der Vernichtung zu empfehlen, viele der jüdischen Schriften aber sogar gelobt und als unentbehrlich selbst für das Verständnis der Heiligen Schrift bezeichnet. Das brachte ihm von seiten der durch Dominikaner beherrschten Theologischen Fakultät der Universität Köln prompt den Vorwurf der Häresie ein, woraufhin Reuchlin die dortige Lehrerschaft als „Böcke" und „Säue" einer „vor Alter kindisch gewordenen Universität" verhöhnte, was verständlicherweise nicht zur Entspannung beitrug. Es begann ein Streit, der erst 1520 mit der Verurteilung Reuchlins „zu ewigem Schweigen in der Streitsache" endete. Der Verurteilte setze dem Ganzen insofern die Krone auf (oder war es eine Narrenkappe?), als er kurz danach den Frieden mit der Kirche machte und Priester wurde.

Allemal also waren die Zeiten „verrückt" genug, daß jener Dr. Faustus seinen Erfurter Studenten die Helden der Antike als „Hologramme" vor Augen treten und beliebige Sorten Wein aus der Tischkante zapfen lassen oder höchstselbst durch Dächer

ausfahren konnte. Auch Luther, so ist überliefert, erinnerte sich viel später noch an ihn. „Multa dicebant de Fausto", so wird er zitiert, „welcher den Teufel seinen schwoger hies, und hat sich lassen horen, wen ich Martin Luther, ihm nur die handt gereycht hette, wolt er mich verderbet haben; aber ich wolde ihn nicht geschawet haben." Wo, wie, wann und warum? Wir wissen es nicht.

1501 erst, in einem Alter, in welchem Melanchthon schon den Magister in der Tasche hatte, die jungen Leute heute aber noch nicht einmal ihr Abitur erlangen, bezog Luther die Georgenburse an der Lehmannbrücke und studierte zunächst an der sogenannten „Artistenfakultät", um nach glänzend bestandener Magisterprüfung Jurisprudenz studieren zu können, jedoch nur auf Wunsch des Vaters, also entsprechend widerwillig. Das war gewiß einer der Gründe, nach kurzer Zeit in das nahe Kloster zu wechseln. Schon 1512 – Luther war inzwischen von seinem Förderer und Seelsorger, dem Generalvikar Johann von Staupitz, weg von Erfurt nach Wittenberg geholt worden – promovierte er zum Doktor der Theologie und folgte Staupitz in dessen Professur in Bibelauslegung.

Neben der Dauer seines hiesigen Studiums, den nie völlig abbrechenden Beziehungen zu einzelnen Personen wie etwa Johannes Lang und seinen Wortmeldungen oder Kommentaren zu bestimmten Vorgängen in der Stadt, sind es zwei spektakuläre Ereignisse, die Luther mit Erfurt und Erfurt mit Luther gleichsam zu verhaken scheinen: jenes legendäre „Bekehrungserlebnis" auf dem Feld bei Stotternheim, das ihn ins Kloster trieb, und sein triumphaler Einzug in die alte Pfaffenstadt auf seiner Fahrt zum Wormser Reichstag.

„Hilf du, Sankt Anna, ich will ein Mönch werden," soll der 21jährige auf dem Stollberg bei Stotternheim gefleht respektive gelobt haben, nachdem ein Blitz direkt neben ihm eingeschlagen und den Erschrockenen zu Boden geworfen hatte. Auf dem Rückweg von seinen Eltern nach Erfurt war er dort am 2. Juli 1505 in ein heftiges Gewitter geraten.

Da ihnen die Sache an sich zu banal erscheint und ein in Todesangst geleistetes Gelübde auch damals nicht als bindend galt, suchen die Biographen nach Gründen, die sich von dem ohnehin latenten Wunsch Luthers, Mönch zu werden, bis zu der These versteigen, der Jurastudent habe in einem Duell einen Menschen getötet und sei aus diesem

Abb. 12: Rektoratsblatt des Crotus Rubeanus aus der Erfurter Universitätsmatrikel des Wintersemesters 1520

Grund ins Kloster geflohen oder gar eingewiesen worden. Doch selbst wenn sich daran kein Körnchen Wahrheit fände oder Luther die ganze Geschichte nur erfunden hätte, um einen für seinen Vater akzeptablen Grund für den Abbruch des ungeliebten Studiums zu haben – sie ist der rote Faden, der ins Zentrum der Lutherschen Theologie führt. Nämlich das Versagen der sogenannten „Gnadenmittel" der alten Kirche vor seinem zuweilen am Rand des Pathologischen balancierenden Sündenbewußtsein („so höllisch wie keine Zunge es sagen, keine Feder es schreiben, kein Unerfahrener es glauben könne […]") war es, das Luther zu der Einsicht zwang, daß die Gnade Gottes weder durch Gebet noch Geld, gute Werke oder mönchisches Leben zu erlangen sei. Unfähig zur Erfüllung der von Gott gesetzten Gebote und unfähig zu wahrer Gottesliebe blieb dem Menschen nur, das aus dem ewigen Ratschluß Gottes auf ihn kommende Geschenk der Gnade und der Gerechtigkeit in Demut anzunehmen. „[…] also das wir durch seine werck, die uns fremd sein, unnd nicht mit unseren wercken selig werden", predigte er am 7. April 1521 in der im tatsächlichen Wortsinn brechend vollen Augustinerkirche zu Erfurt.

Überschwenglich begrüßt und begleitet durch einen von dem zu dieser Zeit als Rektor der Universität fungierenden Crotus Rubeanus angeführten Trupp von vierzig Reitern war Luther am Vortag in die Stadt eingezogen. Der emphatische Hessus, der Mauern und Türme, Wege und Häuser, Straßen und Tore besetzt sah „von den bunten Haufen des Volkes", veröffentlichte bereits im Monat darauf seine eilends verfaßten und überhaupt nicht elegischen *Luther-Elegien*.

„Siehe", ruft er im ersten der Gedichte seinem „erhabenen Erfurt" zu, „er kommt, der dich aus niedrigem Staube emporhebt, / in dem du, ach, zu lange schon staubbedeckt liegst! / Doch sei mir erlaubt zu sagen, was mein kühner Sinn mir empfahl, / ich möchte ein wahrheitskündender Dichter dir sein. / Jener von Gott, vom Bringer des Heils tiefinnerst erfüllte Luther, / er wird dich von deinem Staube befreien. / Erfasse du nur die zuversichtbringende Hoffnung und verlasse doch, / ach, die nichtigen Lehren des übel herrschenden Klerus."

Indem der Dichter seinen Luther daraufhin mit Herakles vergleicht und seine Taten vom Flußgott der Gera rühmen läßt, verquickt er in typisch humanistischer Manier christliche Reformatio mit heidnischer und antiker Welt. Hans Baldung, genannt Grien, stellte Luther in eben diesem Jahr mit einer über seinem Kopf schwebenden Taube als Symbol des Heiligen Geistes und einem Heiligenschein dar. Im Grunde aber war Luther in diesen Erfurter Tagen bereits ein verurteilter, manche glaubten gar, ein toter Mann.

Weil er seine als „irrig, häretisch, ärgerniserregend, für fromme Ohren anstößig und für einfache Gemüter verführerisch" gebrandmarkten Sätze nicht in der gewährten Frist widerrufen, sondern statt dessen die Bannandrohungsbulle am Rande einer von Wittenberger Studenten veranstalteten Bücherverbrennung lutherfeindlicher Schriften vor dem Elstertor dem Feuer überlassen hatte, war er am 3. Januar 1521 aus der Gemeinschaft der Gläubigen ausgeschlossen worden. Die „Gnade", überhaupt nach Worms reisen und sich dort einem nochmaligen Verhör stellen zu dürfen – also nicht, wie eigentlich üblich, nach der Exkommunikation vom Kaiser in die Reichsacht getan und für vogelfrei erklärt zu werden –, hatte er vor allem seinem Landesvater, Friedrich dem Weisen, zu danken.

Der mit der Veröffentlichung und der geradezu stürmischen Verbreitung (etwa 60 000 Exemplare in zwei Jahren) jener „95 Thesen" begonnene theologische Streit war längst zur „causa Lutheri" ausgewachsen. Er hatte sich mit politischen wie wirtschaftlichen Interessen verquickt und schien nicht nur die päpstliche Kirche in ihrer damaligen Verfassung, sondern zugleich das Verhältnis zwischen Reich und Kirche, ja, die politische Konstruktion des Reiches selbst zu bedrohen.

Wenngleich man nicht annehmen kann, daß sich die Erfurter einer solchen Tragweite ihres Handelns bewußt waren, schmälert das doch keinesfalls ihr kühnes Engagement in der protestantischen Sache. Allein wegen ihrer Teilnahme an den Feierlichkeiten, welche die Universität zu Luthers Ehren veranstaltet hatte, bedrohte das Stiftskapitel beispielsweise zwei Kanoniker mit dem Bann. „Erfurt war", so der Historiker Bob Scribner, „eine der ersten Städte Deutschlands", in der die reformatorische Bewegung „entschieden verteidigt" wurde. Für Luther freilich – der nicht müde wurde, vor einer allzu „fleischlichen" Auslegung oder gar gewaltsamen Durchsetzung des wahren Evangeliums zu warnen – am Ende doch zu „entschieden", zu handgreiflich.

Schon vor seinem „Palmsonntag" in der thüringischen Metropole hatte es dort, wie in Wittenberg, einzelne Aktionen gegeben, vor allem von seiten der Studentenschaft, etwa die Vernichtung einiger Exemplare der Bannandrohungsbulle, die der Buchdrucker Johann Knappe hatte drucken wollen. Nun liefen Gerüchte von Verschwörungen um. Einzelne Priesterhäuser wurden geplündert, ohne daß der Rat dagegen einschritt. Es „macht mich sehr traurig," schrieb Luther am 8. Mai in einem lateinisch verfaßten Brief an Melanchthon, „weil wir daran klar erkennen können, daß wir vor Gott noch keine würdigen Diener seines Wortes sind und Satan über unsere Bemühungen spottet und lacht."

Das Echo auf die Nachricht von der Verurteilung des Reformators zu Worms und der Entführung, womöglich Ermordung des Vogelfreien auf dem Heimweg war jedoch ein weit kräftigeres „satanisches Lachen". Am Abend des 10. Juni brach im „thüringischen Rom" der erste große „Pfaffensturm" in Deutschland los und fegte durch die Klerikerhäuser auf dem Domberg, zerbrach das Glas der Fenster, stieß Möbel um, warf Bücher und Kleider vor die Türen und bescherte Erfurt den zweifelhaften Ruf, ein Hort religiösen Aufruhrs zu sein.

Der Rat, der die Übergriffe unterderhand nicht nur zu dulden, sondern sogar zu steuern und mit Waffen zu versorgen schien, nutzte die Situation, den Klerus zum Verzicht seiner Privilegien zu zwingen und ihn „gleich den Burgern" zu machen. Tatsächlich fiel in einem am 29. Juli zwischen Stiftsgeistlichkeit und Rat geschlossenen Vertrag unter anderem das Privileg der Steuerfreiheit. Darüber hinaus verpflichteten sich die Kleriker zur Rückerstattung des aus bürgerlichem Besitz erworbenen Grund und Bodens, zu einer Entschädigungszahlung für den bis dato der Stadt entgangenen Vermögenszins und zur Zahlung von Mahl- und Schlachtgeld. Man versprach dem Rat, wirtschaftliche Aktivitäten aufzugeben und keinen Stadtbürger mehr vor das geistliche Gericht zu ziehen.

„Erfordia Praga" – daß die Erfurter Universität auch bezüglich ihres rebellischen Geistes in Prager Tradition stünde, Luther hatte es geahnt und distanzierte sich, desgleichen von der Taktiererei des Rates. Zur Tatenlosigkeit verdammt, saß der von seinem Landesherrn vorsorglich aus dem Verkehr Gezogene incognito, mit dem „gottgeschickten Kreuz" einer quälenden Verstopfung, auf der Wartburg und hätte nur zu gern eingegriffen. Mitte Juli wollte er als er selbst, als Martin Luther, aus seinem „Gefängnis", um in Erfurt einen Arzt aufzusuchen. Vielleicht, so dachte er, sollte er auch ganz nach Erfurt gehen, an die Universität, freilich nur, wenn man ihn riefe. Aber man rief ihn nicht. So blieben Luther als Möglichkeiten der Einflußnahme seine persönlichen Verbindungen, Sendschreiben, einzelne Besuche.

Ein Begeisterungsturm wie im April '21 wiederholte sich nicht. Als der Reformator im Oktober des darauffolgenden Jahres erneut ein paar Tage in Erfurt weilte, scheint die Stimmung diffus gewesen zu sein. Statt „Christum alleyn" zu predigen und „nit das seyn, nit seynen ruhm, seyne ehre, seynen nutz", wie Luther es in der Kaufmannskirche forderte, verbrauchten sich die evangelischen Prediger gegen die Altgläubigen im sogenannten „Kanzelkrieg", indessen der Rat, was religiöse Dinge betraf, sein Heil in einem „Kurs pragmatischer Neutralität" (Christian Peters) suchte. „Der mundt ist da," moralisierte der Wittenberger, „aber das hertz weit von dan, das öll ist nit in der lampen, das ist der glaub ist nit ym hertzenn." Das waren deutliche Worte.

Vergleichbar reagierte er, als er im September 1525 um die Beurteilung der „28 Artikel" gebeten wurde, die nach dem Umsturz Anfang Mai von der Erfurter Gemeinde der Bürger und der Erfurter Landschaft der Bauern als Punktekatalog einer künftigen politischen Ordnung aufgestellt worden waren. Außer der evangelischen Predigt forderten die „Artikel" unter anderem die Kürzung des Kursachsen zustehenden Schutzgeldes, Gewerbe- und Handelsfreiheit, freie Pfarrerwahl durch die Gemeinden und eine Rechenschaftspflicht des Rates gegen dieselben. Das wäre ja, so die Antwort des Reformators, als wenn „der wagen die Pferde furhe unnd die Pferde den Furman tzeumen unnd treibenn. [...] Ist das Euangelisch, also mit dem kopf hindurch wollen, on alle demut unnd gebett für Gottes augenn, gerad als bedurfft Erffordt Gottes nicht, odder Gott were nicht auch uber Erffordt herrn?" Den Rückenwind, den sich im Mai die Revolteure unter dem Oberratsmeister Adolar Huttener durch eine Zustimmung der Wittenberger Institution erhofft, aber nicht erhalten hatten, blies jetzt den wieder gemäßigten Rat als Ablehnung in alte Gewässer.

Aus einiger Entfernung erscheint die Erfurter Revolte Ende April, Anfang Mai 1525 wie das Stück, zu dem die vier Jahre zuvor durch die Gassen brausenden „Pfaffenstürme" das Exposé gewesen waren. Von der Chance angestachelt, sich endlich aus mainzischer Herrschaft zu lösen und einen rein evangelischen, einen „ewigen Rat" zu etablieren, brachten die Leute um Adolar Huttener das taktische Kunststück zustande, daß die Bauern im Erfurter Land dem Rat unterderhand dabei „zu dinste" waren, um „dem Bischoff von Meintz seine gerechtigkeit darnieder zu schlagen". General-

stabsmäßig ließ der Rat unter dem fadenscheinigen Vorwand sicherer Verwahrung und dem überzeugenden Argument der entschieden vor die Ummauerung rückenden Bauern die Kirchenschätze auf dem Rathaus sammeln, um sie später in Bares pressen zu können, ehe am 28. April die Tore geöffnet wurden. Nun fiel alles, was mainzisch war, selbst das auf dem Fischmarkt prangende Standbild Sankt Martins, Schutzheiliger des Erzbistums, dessen eigenwillige Stoffzuteilung die Stadt nun selbst zu übernehmen sich anschickte. Doch dann, nach schnellem, entschlossenem Beginn – als seien sie erschrocken vor der eigenen Courage –, ließen die Strategen um Huttener die gewonnene Initiative wieder aus den Händen gleiten.

Die Unentschiedenheit gegenüber der eigenen, inneren Verfassung wurde ergänzt durch eine diffizile außenpolitische Situation, die Erfurt zwischen ihrem einstigen Stadtherrn, dem nun eindeutig in die antilutherische Partei eingerückten Mainzer Erzbischof Albrecht, und dem protestantischen Kursachsen sah, was nach ausdauerndem Schwanken zu Verhandlungen mit der alten Herrschaft führte. 1530 verpflichteten sich die Erfurter im „Hammelburger Vertrag", wieder „getrewe underthanen" zu sein, und Mainz versprach, seine „ungnade" zu vergessen. Was die Religion betraf, zeigte sich Albrecht ausgesprochen kulant und verlangte lediglich in der Peterskirche und den beiden Stiftskirchen die Wiedereinführung des Gottesdienstes in alter Form, was letztlich Ausgleich bedeutete, das dauerhafte Nebeneinander beider Bekenntnisse, eine für Fundamentalisten schwer zu ertragende Vorstellung.

Mir wäre Schnee auch lieber. Zumal die Weihnachtsgeschichte bei einer Temperatur von über zehn Grad Celsius viel von ihrer Eindrücklichkeit verliert und es zumindest keinen meteorologischen Grund gibt, Glühwein zu trinken. Es blühen zwar noch nicht die 50 000 Krokusse, deren Zwiebeln dem Petersberg seit Oktober in seinem grünen Gesicht stecken, aber immerhin Gänseblümchen, besonders um und in dem von einem Maschendrahtzaun eingefriedeten winzigen Weinberg: zwei mal neunundneunzig Stöcke, die eine Gruppe von Winzern aus Bechtheim 1991 als Erinnerung an den durch den Festungsbau vertilgten Weinberg der alten Petersmönche setzte.

Zwei Wochen vor der Wintersonnenwende projiziert das auf dem feuchten Pflaster und im nassen Gras gleißende Morgenlicht die Severikirche als Schatten auf den Berg. Und während auf seinem runden Schädel die frisch geputzte Krone der mainzischen Festung schon im vollsten Glanz strahlt, schluckt der Einfuhrschlitz unter den Bullaugen der in den Berg implantierten Tiefgarage die Autos der ersten Besucher des Weihnachtsmarktes. Die grauen Betongebilde, die neben der gemächlich ansteigenden Petrinistraße scheinbar grundlos und deplaziert aus dem Gras ragen, sind also Entlüftungsschächte.

Abb. 1, 41–43 Klar, daß der Wirklichkeit so leicht nicht zu entkommen ist. Doch scheint die Festung sich unter den Schaufeln, Hämmern, Maurerkellen und Pinseln der 1990 eigens gegründeten Bauhütte von der Zwingburg, als die sie einmal gedacht war, Stück um Stück in ein Kunst- oder Spielobjekt verwandeln zu wollen, dessen hoch aufragende, leicht gegen den Berg gelehnte Mauern so schöne Namen wie „Kilian", „Leonhard", „Anselm", „Philipp" oder „Peter" tragen und natürlich Festungswerke meinen.
Abb. 41 Auf den spitzen Knien der vorstoßenden Bastionen sitzen die lustigen kleinen Wacherker und über den Kurtinen, den Mauerzügen zwischen diesen Bastionen, die grünen Erdtrapeze der Kavaliere, auf deren Kronen Ahornbäume balancieren, wo sie doch als Splitterschutz gegen ziellos umherirrende Kugeln dienen sollten. Nicht zur größeren Sicherheit, sondern zur Vermehrung faszinierender Aussichten scheint sich auch die Petrinistraße zweimal zu wen-

den, um schließlich auf preußischen Brückenbögen in aller Gelassenheit dem barocken Peterstor entgegen zu steigen. *Abb. 42*

Es soll ja in Strömen gegossen haben, als Kurfürst Johann Philipp von Schönborn am 12. Oktober 1664 seinen Einzug in Erfurt hielt, sechs Tage, nachdem seine Truppen die Stadt besetzt hatten, und drei Tage nach der „fußfälligen Unterwerfung" einer Erfurter Vertretung in Königshofen. Nicht triumphal durch die Stadt, sondern durch den Zwinger des Brühler Tores ging es sozusagen auf doppelt eigenem Grund durch die erzbischöfliche Vorstadt und das Krumme Tor, vorbei am Mainzer Hof ins Marienstift und, nach einem kurzen Gebet, hinauf ins Peterskloster. Dort folgte, vermutlich begleitet von einem abermaligen Kniefall, die Übergabe des Schlüssels der Stadt, die den Erzbischof dem Patron des alten Klosters wieder etwas ähnlicher machte, zumindest was die Schlüsselfrage betraf.

Doch damit nicht genug. Sechzehn weitere Tage später fand „vor den graden" die Erbhuldigung statt, die uns in einem Kupferstich überliefert ist. *Abb. 13* Sechsundfünfzig ausgewählte Bürger mußten dem unter einem Baldachin sitzenden Kurfürsten abermals knienderweise Abbitte leisten sowie den Treueid schwören. Den hatte die ganze Bürgerschaft nachzusprechen, weswegen die armen Erfurter dem Beschauer fast ausnahmslos den Rücken kehren. Zu beiden Seiten der Knienden sind Musketiere mit gesenkten Waffen auf den Treppen postiert. Und inmitten des Bürgerpulks, dessen Köpfe den Pflastersteinen des Platzes zum Verwechseln ähnlich sehen, steht erhöht eine kleine Gruppe von Männern mit dem Gesicht zum Betrachter. Es sieht aus, als trügen sie Sonnenbrillen, diese Hofleute, die vermutlich kontrollierten, daß der Eid auch laut und deutlich nachgesprochen und die Schwurhände dabei ordnungsgemäß gehoben wurden. Der Kupferstecher, der vielleicht ein Witzbold war oder sich einfach verschätzt hatte und eine angefangene Platte nicht wegwerfen wollte, bekam den Petersberg sowie die dort hinauf breschende kurfürstliche Kutsche gerade so und ziem-

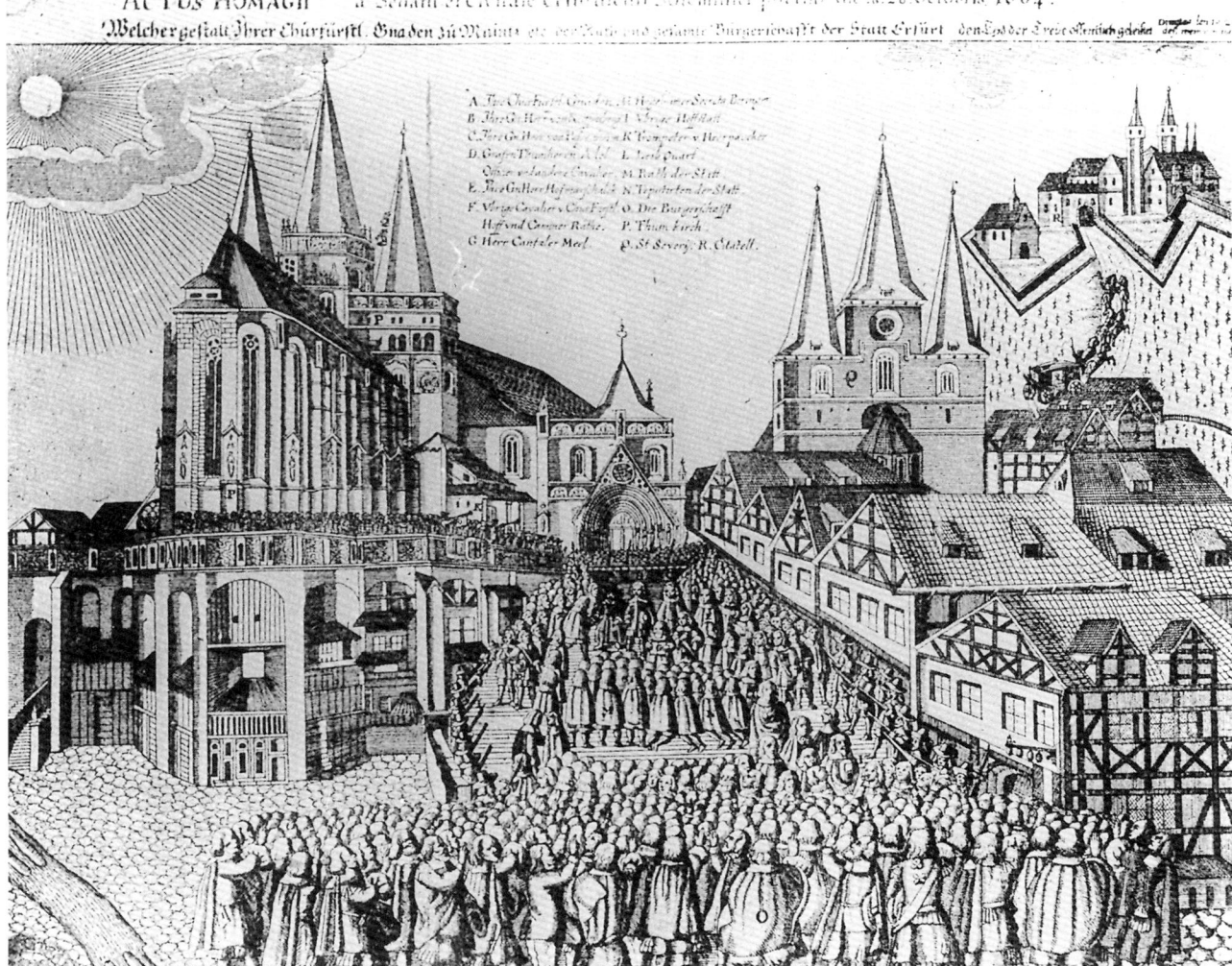

ACTUS HOMAGII *à Senatu et Civitate Erffordensi Solemniter peractus die 28 Octobris 1664.*
Welcher gestalt Ihrer Churfürstl. Gnaden zu Maintz etc. ...

Abb. 13: Die Erbhuldigung am 28. Oktober 1664, Kupferstich

lich hoch ins Bild gequetscht, als erhebe sich der Petersberg nicht 34, sondern 340 Meter über das Niveau des Domplatzes.

Diese Erbhuldigung jedenfalls war vonnöten, damit die fremden Truppen abzogen, die gemeinsam mit den mainzischen die vom Kaiser gegen die „Erfurter Rebellen" verhängte Reichsacht exekutiert und sich seit der Besetzung vor allem durch zahlreiche Übergriffe hervorgetan hatten. Der am 12. Dezember unterzeichnete „Friedensvertrag" beendete eine Epoche. In dieser war es Erfurt seit der Mitte des 13. Jahrhunderts gelungen, durch wirtschaftliche Kraft und aufgrund einer zuweilen raffinierten Ausnutzung der Interessengegensätze zwischen erzbischöflichem Landesherrn, Kaisertum und Territorialadel eine weitgehende städtische Autonomie zu erringen und in den Wechselfällen der Zeit zu behaupten. Als König Gustav Adolf von

Schweden mitten im Dreißigjährigen Krieg Erfurt alle Rechte und Besitzungen zuwies, die der Mainzer Erzbischof in seinem „thüringischen Rom" innehatte, durfte die Stadt für zwei kurze Jahre die gleich gegen den katholischen Klerus gebrauchte Macht einer „Quasi-Reichsfreiheit" schmecken. In den Verhandlungen des Westfälischen Friedenskongresses versuchte die Stadt ein wohl von vornherein aussichtsloses letztes Mal, einen vormals wegen der befürchteten Kosten ausgeschlagenen Platz unter den Fittichen des deutschen Kaisers zu ergattern. Jetzt verlor Erfurt sogar nicht nur die über die Jahrhunderte zusammengebrachten Ländereien außerhalb seiner Mauern, sondern zugleich die städtische Autonomie. Der Rat, dem künftig ein Mainzer Domkapitular als Vizedom beziehungsweise Stadthalter als Direktive vorgesetzt war, wurde nicht mehr durch Bürgerwahl bestimmt, sondern vom

Kurfürsten ernannt. Und nachdem die beiden sächsischen Fürstenhäuser die Mainzer Lehnshoheit anerkannt sowie auf ihre Rechte verzichtet respektive diese an Mainz verkauft hatten, war Erfurt fortan nicht mehr als eine in den absoluten Staat eingegliederte Landstadt. Zwar vermied es Johann Philipp von Schönborn, allzusehr den Sieger herauszukehren. Er gewährte der Stadt sogar eine weitgehende Amnestie. Um die Begleichung der Kriegskosten allerdings kam sie nicht herum. Und sie kam auch nicht um die Festung herum, die ihr der neue alte Landesherr auf den ehrwürdigen Petersberg um die alte Stadtkrone mauern ließ. Von deren, mit nicht weniger als achtzehn Mainzer Wappenlöwen bestückten, Tor scheint mir denn noch heute eine Art theatralisches Triumphgebrüll aus betont zorngefalteten Tiergesichtern entgegen zu schallen. Gebraucht hat der Mainzer Kurfürst seine Festung gegen die Stadt aber kein einziges Mal. Der Schock der Niederlage hatte sich den im Grunde auf Ausgleich bedachten Erfurtern offenbar auf eindrückliche Weise eingeprägt. Hinzu kamen ein wirtschaftlicher Niedergang und das letztlich verständnisvolle Stadtregiment der Mainzer Landesherren.

Abb. 42

Zwar gibt es keinen Schnee, aber ich bin am 7. des Monats der 777. Besucher und kaufe eines von sieben noch ofenwarmen Zwiebelbroten aus der von sieben (?) freundlichen Frauen betriebenen Festungsbäckerei. Das macht, daß ich in der kleinen, von sehr gegenwärtigem Brotduft erfüllten historischen Ausstellung in der alten Grenadierwache weniger Pulver- als vielmehr Pfeifenrauch und Kaffee zu riechen meine und den zwischen wach- und anderweitig diensthabenden Soldaten-Puppen, Plänen, allerlei Kriegsgerät und Fahnen aufgestapelten Kanonenkugeln nicht so viel Aufmerksamkeit widme, wie sie es womöglich verdient hätten.

Die „Vestung oben" oder „Johann Philippburg", wie die Zitadelle im Volksmund bald hieß, entstand in zwei Bauabschnitten und zählt neben Kronach, Würzburg oder Mainz zu den wenigen, zu großen Teilen erhaltenen Stadtvesten des 17. Jahrhunderts in Deutschland. Nach Entwürfen des damals bedeutendsten Architekten Frankens, Antonio Petrini, baute man von 1665 bis 1707 eine Bastionärsanlage in neuitalienischer Befestigungsmanier, die dann unter Maximilian von Welsch bis 1726 in der sogenannten ersten Manier des französischen Festungs-

baumeisters Vauban erweitert und unter anderem durch vorgelagerte Ravelins und Lünetten ergänzt wurde. Es war das Modernste, was zu dieser Zeit zu kriegen war. Aber, wie gesagt, die Anlage kam nicht zum Einsatz, und schon zum Ende des 18. Jahrhunderts überlegte man, ob man sie angesichts hoher Unterhaltskosten nicht schleifen sollte.

Der Legende folgend ist Napoleons Pferd schuld daran gewesen, daß die Zitadelle und mit ihr der ganze Petersberg sowie Teile Erfurts schließlich doch noch in das Kanonenfeuer der Befreiungskriege gerieten. Hätte nämlich das starrsinnige Roß dem nach dem Debakel bei Leipzig in Depressionen gefangenen Gedanken seines Reiters nachgegeben und sich während einer bewußt riskanten Inspektion auf den Mauern des Erfurter Petersberges mit dem todeswilligen Korsen in die Tiefe gestürzt, wäre der Weltgeschichte womöglich viel Leid erspart geblieben. Da die längst isolierte französische Besatzung nicht zur Übergabe bereit war, beschloß der preußische Kriegsrat unter General von Kleist am 1. November 1813, mit der „Bewerfung des Petersberges" zu beginnen. Am Abend des 6. November folgte das schwerste Bombardement.

„Von einem erhabenen Standpunkte aus", schrieb der Erfurter Chronist Constantin Beyer in zuweilen makabrem Pathos des die Befreiung durch die Preußen erwartenden, begeisterten Patrioten, „eröffnete sich jetzt ein Schauspiel, das man mit vollem Rechte gräßlich schön nennen konnte, und das selbst den berühmten Höllen Bruegel, den größten aller Feuermahler die je die Künstlerwelt erzeugte, zum Muster hätte dienen können. Ein rabenschwarzer, mit röthlichgrauen Dampfwolken überzogener, in einem dichten feuchtkalten Nebel gehüllter Himmel wölbte sich über die Aussicht, die den Blick begränzte. Seitwärts streckten sich die Wälle und Bastionen des Petersberges über die Häusermassen empor, auf deren Platteformen man die Gebäude des Petersberges mit der schönen zweithürmigen Kirche in schauerlicher Pracht erblickte. Rundumher von einem Flammenmeer umbraußt, schimmerte die rothe Glut durch die hohen Fester des Chors und glühte wie feurige Riesenaugen durch die runden Öffnungen der gewölbten Kreuzgänge des Klosters. Im Hintergrunde brannte die Hauptwache, und dieser gegenüber ein ungeheurer, zum Bedarf der französischen Kavallerie, requirierter Heuschober, der eine kolossale Feuermasse bildend, rund umher Feuerfunken sprühte, die an dem dunklen

Nebelhimmel eine Weile wie Meteore glänzten und dann wie Millionen Feuerflocken zerteilt zur Erde fielen. Die Reflexe der ungeheuren Flammenmasse erhellten gleich einem Strahlenkranze die außer dem Thore liegenden Gegenden, wo auf den Höhen von Marbach und auf der Schwedenschanze die Batterien der Belagerer noch immer Haubitzgranaten nach der Stadt und Festung hagelten, die wie lichtgeschweifte Komete in bogenförmiger Richtung nach den bedrohten Stellen hinzischten."

Trotz dieser eindrücklichen Demonstration moderner Zerstörungstechnik gelang es dem französischen General D'Alton, die Übergabe der Stadt bis zum 6. Januar und die der Festung bis zum 6. Mai des nächsten Jahres hinauszuschieben. Die Emphase, mit der sich das bereits 1802 von Kurmainz an das bislang ungeliebte Preußen abgeschobene Erfurt seinen Befreiern an die Brust warf, hatte etwas Beängstigendes. Gymnasialprofessoren entdeckten plötzlich ihr „Vaterland". „Kein Tag in der mehr als 1000jährigen Erfurter Geschichte", schrieb der verdienstvolle Stadthistoriker Johannes Biereye, „ ist so hehr, so heilig für einen wahrhaften Patrioten unserer Vaterstadt, wie der 6. Januar 1814!" Und natürlich gab es Freiwillige, an die 500 Mann, so daß General von Kleist es „nicht unterlassen" konnte, dem preußischen König, „in Rücksicht des herrlichen Geistes ihrer Einwohner, die Stadt zu empfehlen". Eine Empfehlung, die nicht auf taube Ohren stieß. Weitgehend abgeschnitten von seinem Umland, avancierte Erfurt zur Hauptstadt eines grausam zerstückelten preußischen Regierungsbezirkes und wurde bis 1836 zur „Festung I. Ranges" ausgebaut.

Abb. 13 Alte Ansichten belegen, daß man bis zur Bombardierung vom 6. November 1813 den Petersberg mit Kloster und Klosterkirche, der Kapelle Corpus Christi und der heute noch durch ihre Fundamente markierten romanischen Leonhardskapelle trotz des Korsetts der mainzischen Festungsbauten als die eigentliche Stadtkrone Erfurts empfand. Sein über der Stadt thronendes Schattenbild, die in unmißverständlicher Herrscherpose einen höheren Himmel beanspruchenden Türme von St. Peter, das war eine Resonanzform für Erinnerung und Mythos, die mit leichter Geste bis zum fränkischen König Dagobert zurückgriff, der 707 „ein Kloster in Erfurt erbauet auf dem Berge, den man vor Alters Mervigsburg genannt hat von Merwig, dem heidnischen König der Franken, welcher ein Sohn Merwigs, des Für-

sten von Thüringen und ein Oberältervater des Königs Dagobert gewesen ist".

Das alles ist viel wirklicher, seitdem auf dem Plateau ein Begräbnis entdeckt wurde. Als wollte er seine zeitliche Herkunft gegenüber den erfreuten Archäologen belegen, trug der Mann noch den Charonspfennig in seinem Mund, für ihn nun nicht das Fährgeld in die Unterwelt, sondern ins Museum und in die Geschichtsbücher. Die Münze belegt, das er um die Jahre starb, als Ludwig der Deutsche hier einen Hoftag abhielt. Nach dem Tod des letzten thüringischen Herzogs 908 war das ganze Land samt Erfurt unter sächsischen Einfluß geraten. Heinrich I. nahm es als Königsgut in Besitz. Historiker vermuten, daß er von hier, von seiner Pfalz auf dem Petersberg aus, den Ausbau des gegen die Ungarn gerichteten Systems von Burgen lenkte. Nach dem Sieg über bewußte Ungarn bei Riade an der Unstrut designierte Heinrich 936 seinen Sohn Otto auf einem Reichstag in Erfurt zu seinem Nachfolger. Und auch die zahlreichen Aufenthalte Kaiser Otto II., Kaiser Heinrich V., Friedrich I. Barbarossa und König Rudolph I. belegen, daß trotz ottonischer Reichskirchenreform, die Erfurt samt dem Peterskloster zur geistlichen auch die weltliche Herrschaft des Erzbistums Mainz beschert hatte, der deutsche König als oberste Macht anwesend und das Peterskloster ein „monasterium regale" blieb, welches während des gesamten Mittelalters verpflichtet war, König und Hofgesellschaft zu beherbergen und zu verköstigen.

Nur aus diesem Zusammenhang heraus, meine ich, läßt sich auch die ungewöhnliche Baugestalt der mächtigen romanischen Basilika verstehen, für die 1103 der Grundstein gelegt wurde. Zum einen war sie benediktinischen Reformideen verpflichtet, die vom französischen Cluny über Hirsau in Deutschland Fuß gefaßt hatten. Das betraf zum Beispiel den rechteckig geschlossenen und funktional in den sogenannten „chorus major" und „chorus minor" unterteilten Chor. Die stattlichen Türme im Osten jedoch gehörten nicht zum klösterlichen Bauprogramm, sondern waren ein Symbol der Macht, das vermutlich erst später von der Konkurrenz auf dem Domberg gekupfert worden ist. Die mit beeindruckender Perfektion bearbeiteten und verlegten, bis zu zwei Meter langen Quadersteine, die reichere, hoheitsvolle Bauzier und nicht zuletzt die beachtlichen Ausmaße sind es, weswegen der Kunsthistoriker Ernst Badstübner der Peterskirche „einen bei-

Abb. 14: Ehemalige Peterskirche, Front des südlichen Querhauses (um 1925)

nahe imperialen Zug" attestierte. Verständlich wird hier dieser „imperiale Zug" aber erst, wenn man neben die siegreiche christliche Kirche das Königtum stellt und das im Verhältnis von drei zu eins zu seinen Seitenschiffen stehende ungewöhnlich breite Mittelschiff als königliche Halle begreift. Und natürlich kann es nur vor dem siebenten Pfeiler gewesen sein, wo sich Heinrich der Löwe vor Friedrich Barbarossa 1181 auf Knie und Hände warf.

Während das ausgebrannte Kloster gänzlich der neupreußischen Festung weichen mußte – es war ja schon 1803 säkularisiert und sein Inventar versteigert worden –, trug man die Peterskirche „nur" bis auf das Niveau der Seitenschiffe ab und funktionierte sie zum Mehlmagazin um, dessen mächtige Balkendecken heute ebenfalls unter Denkmalschutz stehen. So abgeschnitten, wie die Elefantenfüße der Pfeiler durch die niedrige Holzdecke scheinen, so unübersichtlich und kellerartig die untere Etage des einstigen preußischen Magazins auch wirkt, im Innern scheint es mir, als habe sich alle Kraft des einstigen romanischen Giganten in diesem schmerzenden Torso verdichtet.

Die konkrete Kunst, die seit 1993 hier präsentiert wird und nach Theo van Doesburgs Definition „weder Abbild der Natur noch symbolisch gemeint" ist, „sondern in einem Wechselspiel von [...] Formen nur sich selbst" bedeutet, hat es freilich schwer in diesem Gehäuse, wo jeder preußische Backstein, jedes abgesplitterte Holz, jeder Farbrest und jede malträtierte Pfeilerbasis etwas zu meinen, zu bedeuten oder auf etwas zu zeigen scheint.

Unterhalb der heute vom Thüringischen Landesamt für Denkmalpflege besetzten ehemaligen Artilleriekaserne, vor der Kurtine zwischen der Bastion Leonhard und Philipp, ist 1995 ein Denkmal für den unbekannten Wehrmachtsdeserteur aufgestellt worden, ein Kordon von acht Stelen, aus dem eine ausschert. Um keine „falschen" Bedeutungen aufkommen zu lassen, erklärt eine Tafel, daß sich das Werk „den Opfern der NS-Militärjustiz" sowie all denen widmet, „die sich dem Nazi-Regime verweigerten", und zitiert Günter Eich, der jedoch sehr generalistisch forderte, nicht das Öl, sondern der Sand „im Getriebe der Welt" zu sein.

Der konkrete Anlaß für das Denkmal ist, daß noch kurz vor Einmarsch der Amerikaner fünf junge Wehrmachtsangehörige als Deserteure auf dem Petersberg erschossen worden sind. Der Berg war ja während des „Dritten Reiches" nicht nur Wehrmachtsstandort. Die zierliche Säulenreihe der dem preußischen Klassizismus verpflichteten Neuen Hauptwache bildete auch das Eröffnungsbild für den unförmigen Kasten der dort kurz vor dem Ersten Weltkrieg errichteten Militärarrestanstalt. In dieser befand sich dann seit 1939 eine Untersuchungshaftanstalt für politische Gefangene und ein Kriegsgericht.

Es müßte eine andere Möglichkeit geben, als Sand im Getriebe zu sein, denn der wird zermahlen, wenngleich er das Getriebe zerstören mag. Salz der Erde? Das war die Rolle, die Christus für seine Apostel vorgesehen hatte. „Wenn nun das Salz kraftlos wird, womit soll man's salzen. Es ist zu nichts hinfort nütze, denn daß man es hinausschütte und lasse es die Leute zertreten."

Auf dem mit großen blanken Granitplatten ausgelegten Plateau oberhalb des Petrini-Tores krachen die Skateboards einiger Jungen, die sich über der Stadt die kurzen Nachmittage der Adventszeit vertreiben. Seit kurzem gibt es hier das in eine Folge von Metallstelzen gehängte Panoramacafé, das

Abb. 41

den Eindruck macht, als sei es jederzeit wieder einzupacken: Rückkehr des Zeltes, nomadische Architektur, nicht sonderlich schön oder kühn, aber zweckmäßig. Vielleicht wirklich der „Baustil des 21. Jahrhunderts", wie das kleine Heft zur Festung meint. Und wirklich mit gesteigertem Panoramablick auf die alte Stadt, an deren Rand die ganze Räume abriegelnden Blöcke der DDR-Architektur stehen. Sie erscheinen mir plötzlich wie Verabsolutierungen der sich vergleichbar kategorisch in den mittelalterlichen Wildwuchs schiebenden Kirche der Dominikaner. In gewisser Weise war die DDR ja nichts anderes als ein Bettelorden der sozialen Marktwirtschaft, ohne „päpstliche" Bestätigung allerdings.

Im Westen, am ehemals feldseitigen Eingang der Zitadelle, hat sich das von Kassel nach Erfurt verlegte Bundesarbeitsgericht einen um zwei Innenhöfe gelagerten Bürokubus bauen lassen, ein durch uniforme Fenster streng gegliederter Skelettbau mit viel Glas, denn vor dem Gesetz sollen alle gleich und das Gesetz soll durchschaubar sein, auch wenn sich das Leben nicht daran hält. Die kippelnd in den umgrenzten Himmel des Innenhofs steigende Skulptur blauer Würfel ist ebenso ein Hinweis dar-

auf wie das Quartett noch junger Bäume mit Tausenden verschieden gleicher Blätter. Auch die zahlreich um den Bau gestellten Wächter, deren Neonschwerter im Dunkelwerden aufflammen – es hat etwas von Fantasy – können da wenig machen.

Vis-à-vis wird noch gearbeitet. Es entsteht ein Justizzentrum. Ein Finanzzentrum gibt es ja schon in der Stadt, am anderen Ende des einst grünen und künftig von Kopf- und Kulturarbeitern besetzten Brühl. Es ist, ähnlich wie hier oben, ein abgezirkeltes Karree mit dem Charme der „schönen neuen Welt". In ihrer Achse fließt, in einer rechteckigen flachen Rinne, Wasser, steigt an einem Ende durch einen Brunnenzylinder aus dem Dunkel eines Röhrendasein, um am anderen Ende unter einem Metallgitter wieder in diesem Dunkel zu verschwinden. Es ist das Gelände der einst berühmten, „Erfurt zum Mittelpunkt eines Welthandels" mit Sämereien machenden Gärtnerei Benary. Auf dem Verwaltungsgebäude, das noch steht, sieht man die Figur einer Flora, während die längst ausgeschaltete gelbe Leuchtschrift mit der unerschütterlichen Ausdauer des erfahrenen Gärtners immer noch „Samen Samen" ruft.

Vielleicht ist es ja das.

Siebentes Blatt:
Brühler grüner Kurzstiel

Brühler grüner Kurzstiel, Danziger Kantapfel, Gravensteiner, Kleine zartschalige Renette, Schöner von Westland, Weißer Winter-Kalvill, Berliner Schafsnase, Geflammter Kardinal, Schieblers Taubenapfel, Kaiser Alexander, Hausmütterchen, Englischer Erdbeerapfel. Den hatten wir zu Hause in der Koppel hinter der Scheune. Gloria mundi. Der Glanz der Welt erstrahlt in einem einzigen Apfel, der hier – in einem der Mannschaftsräume der ehemals preußischen Defensionskaserne der Cyriaksburg – aus Wachs besteht, unter seinesgleichen in einem Regal aus Acrylglas ruht und nicht allein an die pomologischen Kabinette erinnern soll. Denn der Apfel ist nicht nur das am meisten verbreitete Obst der Welt, sondern zugleich das symbolträchtigste, weswegen zwischen den Wachsfrüchten als Beispiele der mit einem Kreuz bekrönte Reichsapfel, der rundum mit Geldstücken gespickte Brautapfel oder – als Reliquie – der Apfel Evas eingestellt sind. In Evas Frucht wurde das volkstümliche Liebeszeichen zum Sinnbild der Erbsünde verkrüppelt und als totbringendes Obst in der Hand Christi Tor zu Erlösung und Ewigkeit. Doch vermutlich war es der Volksglaube, der nicht abließ und sich gegen alle Dogmatik den Christapfel erschuf: ein Traumbild, das in der Heiligen Nacht blüht und zugleich Früchte trägt. Welchen Baum wohl hätte Luther gepflanzt, wenn er tatsächlich sicher hätte sein können, daß ihm die Welt am nächsten Tag unter den breiten Sohlen wegbrechen würde?

Solche und ähnliche Fragen stellen sich einem im zweiten der drei Eingangsräume des im Mai 2000 neu eröffneten Deutschen Gartenbaumuseums, die das Thema des Hauses zunächst poetisch, ein wenig philosophisch und nur am Rande wissenschaftlich anzudeuten suchen: das Leben des Menschen mit der Pflanze, das zugleich das Leben der Pflanze und des Menschen mit ihres- beziehungsweise seinesgleichen umfaßt. „A rose is a rose is a rose is a rose …“, sagt das den ersten Raum endlos umziehende Schriftband über aufwulstenden, künstlichen Rosenblüten. Die in einem beleuchteten Glaszylinder scheinbar schwebende einzige Einzelne erwidert nur: „Marylin“ – und wir sehen die Monroe mit ihrem aufwirbelnden Kleid. „Und die Zeit“, so wird im dritten Raum der österreichische Schriftsteller Karl Heinrich Waggerl zitiert, „die Zeit wächst ungeheuer über mich hinaus. Hier bin ich tausend Jahre alt und im Wesen nicht mehr verschieden von der Luft, vom Gras, vom Gestein der Berge.“ Ein Kreis von Vitrinen leuchtet nacheinander im Vorbeigehen und liefert die Geräusche des Jahres, zeigt Wachsen und Vergehen der Sonnenblume. Und wenn man nur schnell genug ist, leuchtet das ganze Jahr, und Lerchengesang mischt sich mit Wintersturm: Osmose der Existenz, die wir eigentlich schon immer fühlen und denken können, doch hier buchstabiert bekommen, als wären wir bezüglich unserer eigenen und der uns umgebenden Natur nach langer Krankheit aufgeweckte, stammelnde Rehabilitanten, die wir in Wirklichkeit auch sind. Und so muß unsereinem erklärt und gezeigt werden, was die Pflanze zum Leben braucht, wie sie gezüchtet, vermehrt und angebaut, geerntet und verarbeitet oder ruiniert wird. Anhand von Draht-, Glas- und Lichtkonstrukt, Film und Konserventon, lebendigem und totem Grün, Bild- und Schrifttafeln, originalem und nachgebautem Gerät erfährt der sich durch das Labyrinth von Kellergewölben, Gängen, Stuben und Glashäusern wandernde Bildungsversessene, wie der Mensch sich aus Pflanzen nicht nur Nahrung, sondern auch immer wieder die Utopie einer geordneten Welt zu schaffen versucht hat: den Garten, „die ganze Welt im Garten“ oder das „ganze Land ein Garten“, wie im berühmten Anhalt-Dessau des 18. Jahrhunderts, in dem der aufgeklärte Fürst Leopold III. selbst der oberste der Gärtner gewesen war.

Wenn auch die Gründe, warum ein Deutsches Gartenbaumuseum gerade in Erfurt etabliert wurde, für den Uneingeweihten nicht ohne weiteres aus der Ausstellung zu erschließen sind, so liegen sie doch tiefer als im längst verblaßten Ruhm von „Deutschlands Blumenstadt“. Auch die Zeiten, da ein Luther in seinen Tischreden die Erfurter zu Gärtnern des heiligen römischen Reiches stilisierte, sind selbst als Bild der Erinnerung nur schwer zu vergegenwärtigen.

Wer kann sich angesichts rührender Versuche an Petersberg und Rotem Berg heute noch vorstellen,

Abb. 15: Weinernte am Ringelberg (um 1800)

daß üppige Rebgelände alle „Anhöhen und Hügel-
rücken" um die Stadt bedeckten, „als lege sich fast
ohne Lücke ein Kranz von Rebengrün um den äu-
ßersten Mauerring der Vorstädte". So, glaubt man
den Chronisten, soll es aber im 13. Jahrhundert gewesen sein. Am Anfang jenes Jahrhunderts taucht
der „Erffurter wingarte" gar in Wolfram von
Eschenbachs Dichtung *Parzival* auf , und zwar im
Zusammenhang der Kämpfe zwischen den Truppen
Philipps von Schwaben und denen des Thüringer
Landgrafen Hermann im staufisch-welfischen
Thronstreit.

Der Krieg blieb neben den ungünstigen klimati-
schen Bedingungen und den sich öffnenden Märkten der wirkungsvollste Feind des Weinbaus. Nachdem die Söldnerheere des Dreißigjährigen Krieges
ihre vom Blut der europäischen Völker verschorften
Hände an mit Erfurter Weinstöcken unterhaltenen
Feuern gewärmt hatten, bereiteten durchziehende
französische Soldaten dem Anbau der als Symbol
Christi in der Ornamentik auch der Erfurter Kirchen verewigten Pflanze im Jahr 1813 das endgülti-
ge Aus, zumindest was eine wirtschaftlich relevante
Größenordnung betraf, die einst beträchtlich gewe-

sen sein muß. Um 1850 existierten noch 17 Hektar
Weinberge am Roten Berg und am Ringelberg.
Eine Hochrechnung kommt zu dem Ergebnis, daß
dagegen um 1620 im Erfurter Gebiet etwa 1250
Hektar Rebflächen vorhanden gewesen sein müssen. Die Jahrtausendernte des Jahres 1614 brachte
17 476 Leiten. Bei 10 Eimern à 68 Liter pro Leite
sind das rund 120 000 Hektoliter Wein, die da zu
trinken oder zu verkaufen waren. Der im Weinge-
nuß hinlänglich erfahrene Helius Eobanus Hessus
stellte wie sein Humanistenkollege Euricius Cordus
den Erfurter Wein im Vers über die Rheingewächse,
indessen die Herren des Rates mit einem Keller voll
„Wyrtzburger, Elssesser, Malvasier und Rheinfal"
sich nicht nur das Handelsmonopol für auswärtige
Weine gesichert, sondern zugleich für die eigene,
verwöhnte Zunge vorgesorgt hatten. Vielleicht, daß
der heimische Wein mit seinen besten Jahrgängen
tatsächlich für einen guten Rheinwein gehalten
wurde. Er konnte jedoch nicht mehr sein als ein ein-
trägliches Geschäft auf den regionalen Märkten.

Tatsächlich weltbekannt und reich ist Erfurt durch
ein anderes Gewächs geworden, und zwar den

Waid, den Färberwaid, Isatis tinctoria. Der ging, in tannene Fässer gefüllt, von dem durch strenge Gesetze geregelten Waidmarkt auf Erfurts Anger bis nach Bremen oder Hamburg, Danzig und Königsberg, Nürnberg, Frankfurt/Main oder in die flandrischen Tuchstädte. Als „Nahrung des Land-manns", „führnehmste Nahrung der Stadt", „Nut-zen und Fundgrube von ganz Thüringen und das goldene Vließ" wurde er gerühmt, denn Waid zog nicht nur das Gold in die Kassen der Waidjunker. Seine vierblättrigen, kleinen Blüten färbten die Landschaft um die Thüringer Waidstädte Erfurt, Gotha, Langensalza, Tennstädt und Arnstadt gelb, ehe die aus den seegrünen, pfeilartigen Blättern der Pflanze gewonnene Farbe dem Tuch das typische Blau verlieh.

In die kräftig gedüngten und mehrmals tief ge-pflügten Äcker säten die Bauern im Winter oder im Frühling die in schwarzen kleinen Schoten herange-wachsenen ölhaltigen Samen. Im Frühjahr galt es, die Unkräuter aus den Kulturen zu entfernen, und ab Mai konnten, in bis zu vier Ernten jährlich, die Blätter geschnitten werden, was ohne Hilfe von Fremden offenbar nicht zu schaffen war. Die sich selbst in Gruppen mit einem Vorarbeiter, einem „Schiffmann", organisierenden Erntehelfer kamen in diesem Fall vor allem aus der Lausitz, aus Löbau und Luckau, was die Einheimischen nicht daran hinderte, sie degradierend als „Polacken" zu be-zeichnen.

Die geernteten Blätter wurden in sogenannten Waidmühlen – das waren Göpelkonstruktionen mit bis zu zweieinhalb Meter hohen Mahlsteinen – zu Brei gemacht, anschließend zu Kugeln geformt und auf Holzgerüsten getrocknet. Erst in diesem Zu-stand durfte und mußte das Zwischenprodukt an die städtischen Waidhändler verkauft werden. Sie allein besaßen das Recht zur weiteren Veredlung, die durch eine mit Wasser und Urin in Gang gebrachte Vergärung erfolgte.

Nach sechs bis sieben Monaten war die in ihrem Aussehen mit Taubenmist verglichene Waidasche tatsächlich Gold wert. Drei Tonnen davon sollen alten Chroniken zufolge jährlich für Waid in thü-ringische Truhen geflossen sein. Während sich in den Dörfern das gute Auskommen nicht zu dauern-dem Reichtum akkumulierte, sondern nur der eine oder andere der Mahlsteine erhalten blieb, wuchsen in der Stadt die prächtigen Anwesen der Waidhänd-ler, denn in tiefen Pelzen bleibt bekanntlich nicht

Abb. 16: Waidernte und Waidmühle, Kupferstich (1757)

Abb. 17: Dächer von Waidspeicher-Häusern (historische Aufnahme)

nur mehr Schmutz, sondern auch mehr Gold hängen als am glatten Leinen.

Kein Wunder, daß viele der in der Stadt erhaltenen, oft mit aufwendiger Bauzier versehenen Häuser ihre Existenz mittelbar oder unmittelbar dem Waid verdanken, so wie etwa das „Haus zum güldenen Krönbacken" in der Michaelisstraße, das „Haus zum Roten Ochsen" am Fischmarkt, das „Haus zum Stockfisch" in der Johannesstraße oder das 1546 in der Großen Arche erbaute „Haus zum Sonneborn", das seit geraumer Zeit als Standesamt genutzt wird. An dem hohen Giebel dieses 1988 vollständig rekonstruierten Gebäudes sind zwei Sgraffitomalereien über die Zeit gerettet worden, Darstellungen zweier Tugenden, der Prudentia mit Spiegel, Pfau und Pferd sowie der Justitia mit Waage und Schwert. Möglicherweise wird man sich an vielen der später nur noch getünchten Häuser solche und ähnliche Malereien denken dürfen. Das offensichtliche Bedürfnis, seinen Reichtum sichtbar werden zu lassen, erstreckte sich bis auf die Wirtschaftsgebäude, die mächtigen Waidspeicher, in denen das Waid verarbeitet und versandfertig gemacht wurde. Daß dieser Vorgang kein seelenloser war, mögen die noch vorhandenen Pflanzendarstellungen an den baumstarken Balken in dem heute als Theater genutzten Speicherbau aus dem 15. Jahrhundert belegen, der sich zwischen Großer Arche und Domplatz befindet.

Es scheint, wenigstens zu dieser Zeit, noch ein Wissen davon gegeben zu haben, was den Menschen als Waidhändler außer der eigenen Cleverneß ernährte, ein Bewußtsein, das im 16. Jahrhundert zunehmend zu schwinden schien. „Erfurt ist ein fruchtbar Bethlehem gewest", schimpfte Luther gegen das zunehmend rücksichtslosere Gewinnstreben. Und er offenbarte seinen „ökologischen" Instinkt, indem er meinte, daß man mit dem den Boden auslaugenden Anbau von Waid die Äcker verdorben habe und „der Segen zum Fluche worden ist. Die Thaler tun den Bauern wohl", höhnte Luther. „Gott", so fuhr er fort, „wird ihnen Thaler geben und das liebe Korn nehmen, also wird Hunger und Thewerung folgen."

So recht Luther vermutlich hatte, doch wie der Wein-, so wurde auch der Waidbau zeitgemäß während des 17. Jahrhunderts durch rentablere Konkurrenz aus dem Feld geschlagen. Selbst obrigkeitliche Verbote halfen nichts gegen das als „Lumpenfarbe" oder „indianisches Teufelszeug" verunglimpfte, bei

weitem ergiebigere, bald in großen Mengen aus Asien importierte Indigo, das seinerseits freilich um 1900 schon wieder einer synthetisch hergestellten Variante weichen mußte.

Ob die in den letzten Jahren unternommenen Versuche, im Trend der Ökologisierung Färberwaid als Rohstoff für naturverträgliche Anstrichstoffe oder Kosmetika neu zu etablieren, von Dauer oder tatsächlich auch ökonomisch sinnvoll sein werden, wir könnten es vielleicht an der Färbung der Felder erkennen, die an verschiedenen Stellen bis heute ihre braunen, grünen, bunten Finger bis nahe an den Rand der alten Stadt strecken. Von Osten ist das die zunehmend bedrängte Schmidtstedter Flur, von Norden sind es die Restflächen an und zwischen Hannoverscher und Nördhäuser Straße, die bis zur Universität beziehungsweise an die Brühler Vorstadt heranreichen, von Südwesten ist es die gleichfalls von Bahn und Straße bedrückte Flußaue der Gera zwischen Steiger und Cyriaksburg, wo das berühmte, heute als Naturdenkmal ausgewiesene Dreienbrunnenfeld liegt. Über den Bergstrom und die Gärten im Brühl berührte es früher gewissermaßen das Herz der mittelalterlichen Metropole.

Vor dem Brühler Tor nach Westen erstreckten sich auch die schönsten der Erfurter Blumenfelder. Karl Emil Franzos konnte sie Anfang des 20. Jahrhunderts noch durchwandern. „Als wäre ein Regenbogen auf die Erde gesunken und da in tausend bunte Stücklein zerstäubt", schwärmte der vom Blumenduft berauschte Großstädter, der seine Nase für empfindlich hielt, aber offenbar nicht in der Lage war, den charakteristischen Duft von Getreidefeldern wahrzunehmen und sie tatsächlich als „duftlos" bezeichnete.

Mit dem Fahrrad, das neben den eigenen Füßen in Erfurts Innenstadt ohnehin das ultimative Fortbewegungsmittel ist, muß man auf die Cyriaksburg nicht auf den Hauptstraßen fahren, sondern kann – beispielsweise aus der Rumpelgasse – den Weg über Kleine und Große Arche, Lange Brücke, Eichen- und Neuwerkstraße, Karl-Marx-Platz und Dalbergsweg wählen. Dieser wurde 1843 noch als ein durch viele Kunstgärten sich angenehm dahinschlängelnder Weg vom Neuwerk bis zum Pförtchen beschrieben, der „besonders in den Frühsommermonaten durch zahlreiche Nachtigallen verschönt" worden sein soll. Von dort geht es über die stark befahrene Pförtchenbrücke Richtung Drei

Abb. 55

Abb. 52

Abb. 17, 51, 61

Abb. 84

Abb. 18: Blumenfelder am Lauentor, im Hintergrund Dom und Severikirche (1925)

Quellen hinauf durch den Dendrologischen Garten und die Stadtfreiheit zum Südeingang des Erfurter Gartenschaugeländes.

Die sich hinter der Pförtchenbrücke nach beiden Seiten am Flutgraben entlang ziehende schmale Parkanlage stellt den größten noch zusammenhängenden Rest eines um 1900 aus den aufgegebenen Wallanlagen gewonnenen und durch den Straßenbau des 20. Jahrhundert wieder verlorenen, einst fast die ganze Stadt umziehenden grünen Ringes dar. Das 1911 an seinen jetzigen Standort in die Anlage am Pförtchen ins grüne Exil versetzte Standbild Christian Reicharts war 1867 ursprünglich am Jahrzehnte zuvor abgerissenen Wasserthor, dem heutigen Karl-Marx-Platz, aufgestellt worden. Doch schon 33 Jahre später mußte der aus Sandstein geschlagene Zivilist einem ehernen Reiterstandbild Wilhelms I. weichen. Der eben nach Reichart, dem hochverdienten Beförderer des Land- und Gartenbaus, benannte Platz wurde zum „Kaiserplatz". Daß nun gerade der den Kaiser verdrängende Platzpatron Karl Marx den Untergang des von den Propagandisten des Kapitalismus in seine Verantwortung gestellten Systems überlebt hat, zeugt zumindest von einer gewissen Irritation, was die allzu eilige Umbenennung wichtiger Örtlichkeiten in der Folge politischer Umwälzungen betrifft.

Immerhin, Reichart, dem nie die Aufmerksamkeit zuteil wurde, im Brockhaus verewigt zu werden, hat eine kleine Nebenstraße in unmittelbarer Nähe zum lexikalisch ebenso vernachlässigten Richard Breslau, der von 1871 bis 1889 Oberbürgermeister Erfurts war. Ihm hat die Stadt unter anderem ihre erste „Hochdruck-Zentralwasserleitung" und wichtige Straßenbauprojekte, aber auch den Erhalt und Ausbau des alten Festungsgrabens als von ein paar schönen Brücken überspannten Flutgraben zu verdanken, weswegen sie ihm 1912 eine Brunnenanlage am Löberwallgraben auf halbem Weg zwischen Pförtchen und Hauptbahnhof weihte. Von der durch den damals an der örtlichen Kunstgewerbeschule tätigen Bildhauer Carl Melville gestalteten Anlage sind nur noch die drei miteinander verbundenen Reliefstelen im Zentrum des Brunnens und mit ihnen ein Porträt Breslaus erhalten geblieben.

Nein, Reicharts in Seeberger Scheersandstein gemeißelte Figur hätte vermutlich so wenig wie die anderer Berühmtheiten einen der raren Denkmalsockel Erfurts bestiegen, wenn er nur ein erfolgreicher Gärtner gewesen wäre und man in ihm nicht

gleichsam den Ahnherrn der modernen, zu weltweiter Berühmtheit aufsteigenden Erfurter Gärtnerei und sich somit selbst auf dem Sockel gesehen hätte. Üblicherweise posierten dort oben bislang nur Götter, Heilige, Herrscher, Krieger, Symbole, aber Gärtner? Selbst Luther wurde in Erfurt erst über zwanzig Jahre später auf den Sockel gehoben.

Reichart ist 1685 – im selben Jahr wie das mit der berühmten Stadtmusikantendynastie verwandte Musikgenie Johann Sebastian Bach – in die Familie eines Acker- und Gartenbauern hineingeboren worden. Er studierte aber zunächst Justiz und Verwaltung und war Erfurt unter anderem als Actuarius der Feuerrüstung, Oberbauherr, jüngerer Bürgermeister, Gymnasialinspektor und Mitglied der Merkantilkommission dienlich. Reicharts gärtnerische Karriere ist, etwas überspitzt formuliert, die Frucht seiner diesbezüglichen Erfahrungslosigkeit. Noch das ein wenig steif wirkende Sandsteinkonterfei spießt den aus der geballten Faust ragenden Bleistift wie eine Standarte in den Himmel, indessen die Linke durch das auf grünendem Baumstumpf gestützte Notizbuch den forschenden Geist gleichsam mit der Erde in Verbindung bringt. Da Reichart es nicht anders gelernt hatte und es nicht besser wußte, begann er nach der Übernahme der väterlichen Güter die über Jahrhunderte – weniger im Kopf als im Instinkt, gleichsam in den bäuerlichen Knochen, im legendären grünen Daumen der Gärtner – sedimentierte Erfahrung durch Worte allgemein verfügbar zu machen. Aufgelöst, beweglich, zeitgemäß oder ad acta gelegt wurde sie durch die Kühnheit des Dilettanten, die sture Denkbewegung des Logikers und das naive Experimentieren des ohne Zweifel nicht ohne gärtnerischen Instinkt agierenden, mißtrauisch beäugten Seiteneinsteigers.

In dem seit 1753 in sechs Bänden erschienenen *Land- und Gartenschatz* überließ er der Mit- und Nachwelt die während der Arbeit in seinen Gärten gesammelten Erkenntnisse. Unter anderem entwickelte Reichart das System einer achtzehnjährigen Fruchtfolge, in der sich traditionelle Gartenfrüchte wie Blumenkohl, Möhren oder Koriander mit Feldkulturen, also den verschiedenen Getreidesorten oder Rüben, abwechselten und bis zwei Ernten im Jahr erlaubten. Das war die Geburtsstunde des Gemüse- und schließlich auch des Blumenfeldes sowie einer intensiv betriebenen Samenproduktion. Bereits 1752 ließ dieser Gärtner-Industrielle 13 400 Weißkrautköpfe zur Samengewinnung einschlagen

Abb. 77

Abb. 85

Abb. 19: Ernte von Brunnenkresse auf dem Dreienbrunnenfeld (um 1900)

und erntete 1250 Pfund Blumenkohlsamen, der, anfänglich aus Qualitätsgründen noch importiert, nun nicht nur in Deutschland gehandelt, sondern bis nach England, Dänemark oder Schweden exportiert wurde. Die Technik verdankt Christian Reichart Stachelwalze und Jätemaschine. Doch auch was die Bildung künftiger Gärtner und die volkswirtschaftlichen Rahmenbedingungen ihrer Existenz betraf, meldete er sich unprätentiös zu Wort.

Sein landeskulturell bedeutendstes „Produkt" dürfte aber doch das seit dem 15./16. Jahrhundert verstärkt für Gärten genutzte Dreienbrunnengelände gewesen sein, „durch ein von ihm entwickeltes System der Be- und Entwässerung" (Walter Blaha) kultiviert, das größte „Gemüsebeet" Erfurts. Der heute unter Schutz gestellte schmale Rest ist nur ein Schatten des sich einst über 65 Hektar erstreckenden Geländes, durch dessen funktionale Eigenartigkeit sich bis ins 20. Jahrhundert hinein Bewirtschaftungsrechte überlieferten, die für alle dort tätigen Gärtner bindend waren. Die Anlage gliederte sich in Jähnen, etwa einen Meter hoch aufgeworfene und

zirka fünf Meter breite Beete, die durch sogenannte Klingen, zwei bis drei Meter breite Wassergräben, getrennt waren, durch welche das hier mit einer konstanten Temperatur von zehn bis zwölf Grad Celsius warme Quellwasser floß, das der Gegend also nicht nur ihren Namen, sondern ihr besonders fruchtbares, bis zu drei Ernten hervorbringendes Mikroklima bescherte. Diese Klingen wiederum unterschieden sich in Gießklingen – die zur sommerlichen Bewässerung der Gemüsebeete dienten – und Kressklingen, in denen die berühmte Erfurter Brunnenkresse heranwuchs, ein zartes, vitaminreiches Wintergemüse, das in kleineren Mengen auch heute noch auf dem Domplatz zu haben ist. 1750 brachte es den Gärtnern aus Dreienbrunnen 12 000 Taler – und mir hat es den deprimierenden Anblick und den ernüchternden Verzehr genmanipulierter Anti-Matsch-Tomaten erspart, mit denen ja nicht einmal eine weiße Weste zu röten ist. Nasturtium officinale, wie ihr lateinischer Name lautet, enthält (nach Brockhaus) aber nicht nur die Vitamine A, G und D, sondern zudem wichtige Bitterstoffe, ein

ätherisches Öl und ein antibiotisch wirkendes Senf-
ölglykosid. Napoleon jedoch genügte schon der vor-
zügliche Geschmack, um zwei Gärtner mit den
lustigen Namen Nottrodt und Zugwurst nach Ver-
saille zu verpflichten, damit sie ihm Kresse anbau-
ten, die zu genießen ihm freilich nach seinen Nie-
derlagen bei Leipzig und Waterloo nicht mehr
möglich gewesen sein dürfte.

Immerhin hatte selbst der kriegerische Korse zuvor
mit der Überweisung von 500 Talern für den weiteren Ausbau des 1756 gegründeten botanischen
Gartens Erfurts gesorgt. Bis zum März 2000 erinnerte die Gartenstraße – jetzt Augustmauer – in der
Nähe des Bahnhofes an seine lediglich bis 1850
während Existenz, die eine der Voraussetzungen
darstellte für die Erfurter Blumenzucht und den
sich seit Mitte des 19. Jahrhunderts weltweit entfal-
tenden Handel mit Blumensämereien. 1842 existierten bereits acht große Kunst- und Handelsgärtne-
reien in der thüringischen Hauptstadt, darunter ein
so berühmter Name wie „Haage", der lange Zeit in
den Firmenbezeichnungen drei großer Gärtnereien
auftauchte.

    „Haage und Schmidt" etwa war vermutlich die er-
ste sogenannte Sortimentsgärtnerei der Welt, ein
Betrieb also, der alle von einer Pflanzenart abstam-
menden Varietäten in einer gewissen Zahl von
Exemplaren züchtet und so in gewisser Weise einem
botanischen Garten ähnelt. Die Firma, die Anfang
des 20. Jahrhunderts etwa 100 Hektar bewirtschaftete und in ihrem Versandkatalog – neben Pflanzen
und Stauden – 13113 verschiedene Sämereien an-
bot, war bei weitem nicht die größte. Der im Volksmund als „Blumenschmidt" bekannte Betrieb „J. C.
Schmidt" bewirtschaftete in dieser Zeit selbst das
Doppelte dieser Fläche mit bis zu tausend Arbeits-
kräften in Spitzenzeiten und ließ auf nochmals 750
Hektar durch Subunternehmer für das eigene, viel-
fältig beschäftigte Unternehmen wirtschaften. „Der
Betrieb", so Hans Haupt in seinem 1908 erschienenen Buch *Die Erfurter Kunst- und Handelsgärtnerei*,
„umfaßte neben der eigentlichen Kunst- und Handelsgärtnerei den Samenbau, das Trocknen von Blumen, Gräsern, Moosen, Palmen, deren Bleichen
und Färben in der eigenen chemischen Abteilung,
Binderei, Schnittblumenversand, Fabrikation von
Luxus- und Dekorationsartikeln, eine Drahtflech-
terei für Blumenkörbe, Kottillonartikel und Garten-
baurequisiten." Die 1867 gegründete Firma „Chre-

stensen" entwickelte ein Verfahren zur Trocknung
von bis dahin nicht in Trockensträußen nutzbaren
Blumen wie Rosen, Astern oder Georginen und
wurde durch ihre Kreationen von Mackartbuketts
weltberühmt. Doch betrieb „Chrestensen" zur
Ergänzung des Blumengeschäfts nicht nur eine eigene Kartonagenfabrik und eine Buchbinderei. Als
Kontrast zur modischen Trockenblume zog die
Firma unter anderem auch landwirtschaftliches
Saatgut wie etwa Getreide, Kartoffeln oder Futter-
und Zuckerrüben, denn die Samenzucht war und
blieb der eigentliche, lebendige Kern der Erfurter
Gärtnereien, von denen die von Ernst Benary die
bedeutendste war. „Diese Firma verbreitet", so
schrieb man 1896, „den Erfurter Kultur- und
Handelsbetrieb in bezug auf Sämereien planmäßig
über die ganze Erde und erhob so Erfurt zum
Mittelpunkt eines Welthandels." Zu dieser Zeit besaß das Unternehmen nur etwa 50 Hektar Kultur-
land bei Erfurt, andernorts allerdings „Ländereien
nach tausenden von Hektaren" und ließ nicht allein
in Deutschland, sondern bis in die Tropen Samenzucht in ihrem Auftrag betreiben. Für die vielen
Novitäten der in vier Sprachen erscheinenden
Preisverzeichnisse sorgten weltweit um die hundert
Züchter und allein in Erfurt 14 weitere, selbständi-
ge Betriebe, ein kleines Imperium, das da im Flor
seiner Blütenfelder prangte. „Mindestens diese Blumenfelder", so soll noch einmal der „selig und
wunschlos [...], trunken von Farben und Düften"
durch die blühenden Felder dahin wandelnde dick-
liche Schriftsteller Franzos zitiert werden, „mindestens diese Blumenfelder sollte jeder besehen, den
sein Weg durch Thüringen führt."
    Nach zwei Weltkriegen und den damit verbunde-
nen wirtschaftlichen Verwerfungen versuchte sich
die Blumenstadt 1950 mit der „Deutschen Garten-
schau" unter dem trotzigen Motto „Erfurt blüht"
erneut in der Welt des Gartens zu etablieren. Ernst
Benary jr., der bald wie viele seiner Kollegen die
eben gegründete DDR verlassen sollte, konnte da
noch über die „Aussichten der Samenzucht im Erfurter Gebiet" sprechen. Die 1961 ins Leben geru-
fene „Internationale Gartenbauausstellung" war dann
vornehmlich eine Inszenierung nach innen. Sie ze-
lebrierte eine Weltläufigkeit und Bedeutung, die
allzu kraß durch den im gleichen Jahr begonnenen
Mauerbau konterkariert wurde. Die enteigneten,
verstaatlichten oder mit staatlicher Beteiligung arbeitenden, immer noch verhältnismäßig erfolg-

reich züchterisch tätigen Erfurter Gartenbaubetriebe hatten an der Longe der Planwirtschaft vornehmlich die Eigenversorgung der DDR mit Saatgut zu gewährleisten. Erwartungsgemäß überschwemmt durch die sicher etablierte weltweite Konkurrenz, wären die heute noch tätigen Gärtnereien nicht einmal dazu mehr in der Lage. Die zum Teil ihre alte Familientradition wieder belebenden Unternehmen bestellten im Jahr 2000 „nicht einmal mehr 30 Prozent der 1989 in betrieb befindlichen Kapazitäten zur Saat- und Pflanzgutvermehrung bzw. zur Züchtung" (Czekalla).

Vor ein paar Jahren hat sich die „iga" folgerichtig zur „ega-Cyriaksburg" gewandelt. Der Ersatz des i durch das e zielt aber beileibe nicht nach Europa, wie ich anfangs zu glauben fest entschlossen war, sondern nach Erfurt. Trotzdem will sie gleich „Garten Thüringens" sein, der mit einem sehr bunten Veranstaltungs- und Ausstellungsangebot sich neu zu profilieren sucht. Vom Museum aus – und das ist vielleicht der spannendste Zugang – kann man hinaufsteigen aus der „grünen" Kaserne in den blauen Himmel.

Dazwischen liegt der herbstliche, durch die noch erkennbaren Festungsmodulierungen und den alten Baumbestand für mich immer noch schönste Teil des Gartens, dessen sonstige Kleinteiligkeit immer ein wenig an den bürgerlichen Vorgarten gemahnt, aus dem gut gemeinte Kunst zuweilen doch wie verkleidetes Zwergengeschlecht aus dem Beet schaut. Da helfen auch neuerdings aufgestellte Betonsofas wenig. Der „Lesende Arbeiter" Engelhards, der auch in Magdeburg vor dem Museum sitzt, hat hier unter einer Kastanie Platz gefunden und schweigt wie dort, obwohl die Aussicht besser, die Gesellschaft lustiger und tatsächlich international ist, denn in den futuristisch anmutenden Käfigen in seiner Nähe pfeifen Chinagrünling und Sonnenvogel, Pfirsich- und Rosenköpfchen. Asien trifft Afrika.

Und während von dem einen als Sternwarte und für eine Märchenausstellung genutzten Turm der alten Festung Rapunzel verführerisch ihr Haar herabläßt, geht es durch den anderen Turm vermittels einer Treppe zwar nicht in Rapunzels Bett, dafür aber zum schönsten Panoramablick Erfurts. Seitdem ich dort oben war, weiß ich außerdem, woher die Flugzeuge kommen, die täglich mehrmals über meiner Rumpelgasse ihr vom Staat subventioniertes Dröhnen hören lassen. Abb. 83

Die beiden Etagen des 1514 begonnenen Turmes sind einmal speziell der Geschichte der Festung in preußischer Zeit, zum anderen der Geschichte des 1123 auf die Höhe der Cyriaksburg verlagerten und im 15. Jahrhundert abgebrochenen Benediktinerinnen-Klosters gewidmet.

Etwa ein Jahrhundert vor dem Abbruch errichtete man an der Stelle des heutigen Eingangs Gothaer Platz eine gotische Betsäule, die vermutlich deswegen als Sibyllentürmchen bekannt ist, weil man von ihr wohl etwas mehr verlangte, als bloßes Gebetsobjekt zu sein. An dem Tag, an dem ich mich von der Cyriaksburg mit dem Fahrrad hinunter in die Stadt rollen lasse, ist eines der vergitterten Passionsreliefs von seinem Gefängnis befreit. Gerade die Kreuzigung ist es, die womöglich restauriert oder auch nur gereinigt werden soll, denn auf der Dornenkrone Christi hat eine Vogel sein Nest gebaut und bewiesen, daß Natur sich nicht um Religion schert. Oder daß die Lebendigkeit eines Glaubens sich auf ganz andere Weise als die erwartete zeigt.

Während des ganzen November verging fast kein Tag, ohne daß irgendwo Autoren aus ihren Büchern lasen, die wichtigsten davon im Rahmen der „Erfurter Herbstlese". Daneben gab es eine Vortragsreihe über die großen Denker Erfurts und jeden Mittwoch, 13.33 Uhr in der Fachhochschule, „Erfurt liest", mehr oder weniger Prominente stellten eines ihrer liebsten Bücher vor. Selbst der Oberbürgermeister fügte sich in den Reigen und las, zugegeben nicht sonderlich routiniert, aus einem Erinnerungsbuch des ungarischen Außenministers.

Wenn ich aus Veranstaltungen, die ich besucht habe und die meist überfüllt waren, richtig schließe, sind die Erfurter nicht nur Leute, die sich für die eigene Geschichte, sondern zu allem Überfluß auch für Philosophie, Zeitgeschichte und Gegenwartsliteratur begeistern können. Das hat etwas Unwirkliches. „Sie sind weniger kultiviert, als wirklich gebildet", schrieb der Aufklärer Georg Friedrich Rebmann schon vor über zweihundert Jahren, kaum verdächtig, es jemandem zu Gefallen zu tun. Aus Dessau wegen seiner jakobinischen Umtriebe ausgewiesen, fand er 1794 eine selbstverständlich umstrittene Zuflucht im mainzischen Erfurt. Hatte sich doch der Kurstaat gerade die dem Vorbild der französischen Revolution folgende Mainzer Republik mit Not vom Hals geschafft. Und als Rebmann schließlich auch in Erfurt seine aggressive Feder nicht ruhen ließ und ein Pamphlet gegen die unmenschliche Behandlung der u. a. auf dem Petersberg inhaftierten Mainzer Jakobiner veröffentlichte, wurde er auch von hier ausgewiesen, weil er es offensichtlich nicht lassen konnte, „die vaterländische Verfassung zu untergraben und umzuwälzen".

Wie beängstigend unbeholfen und rührend dagegen der heute in die Öffentlichkeit gesprayte Unmut. „Ich möchte eine Eisbärin sein", las ich in der Schottengasse, „dann müßte ich nicht mehr schrein. Alles wär so klar, denn Eisbärinnen müssen nicht weinen." Oder: „Jedes Herz ist eine revolutionäre Zelle", natürlich in dickem Rot, am Bauzaun in der Regierungsstraße. Hier streiten sich die Erfurter gerade darüber, ob an die Stelle des abgebrochenen, einst als „Schiffshebewerk" verhöhnten Erfurter „Kulturtempels" ein weiterer „Konsumtempel" treten oder doch besser – als Wiederbelebung des bereits 1780 für die Bevölkerung geöffneten, barocken Hirschgartens – statt eines unterirdischen Parkhauses ein überirdischer Park blühen sollte. Über die von sanierten Häusern gesäumte Lange Brücke war ich auf dem Weg zur alten Statthalterei, als ich den Satz zum ersten Mal las. Vielleicht sah ich ja ein solches Herz, fröhlich hüpfend, als mir ein junges Mädchen mit gespreizten Armen in mein Foto von der breit gelagerten Fassade der ehemals Kurmainzischen Statthalterei sprang.

Die rostfarbenen Pilaster und Fenstergewände *Abb. 81, 82* strahlten auffällig orange in der Sonne des warmen Spätherbstnachmittages. Die Putten auf Fensterbekrönungen, den Voluten, die in den Stein gefesselten Hermen zu beiden Seiten des Tores, die über ihnen sitzenden, das jeweils innere Knie nackt aus dem Gewand über die Straße hinausstreckenden Frauen – sie schienen für Momente sich aus der kühlen Unnahbarkeit ihrer Tünche lösen und wie das Mädchen vor meiner Linse eine unerwartete, aus ihrem Innersten herausbrechende Bewegung tun zu wollen.

Doch letztlich blieb alles, wie es war. Das Mädchen hockte sich wieder kichernd zu ihren Freunden. Und die etwas unbeholfen wirkenden Figuren ordneten sich in eine Architektur, die – kaum merkbar – das sanfte Beugen, die Eingliederung, die wehrlos machende, freundliche Umarmung eines vielleicht zu stolz empfundenen Knechtes spiegelt.

„Zum stolzen Knecht" nämlich hieß das Renaissancehaus, an das der Mainzer Statthalter, Reichsgraf zu Boineburg, seinen neuen Regierungssitz bis 1722 anpassen ließ, um es darin gleichsam aufgehen zu lassen. Die Pläne für das dreigeschossige, sich in vier Flügeln um einen Innenhof winkelnde Ensemble zeichnete wiederum der Festungsbaumeister Maximilian von Welsch. 1992–95 hat es die vorerst letzte umfassende Restaurierung und einige Umbauten für seine heutige Nutzung als Staatskanzlei des Thüringischen Ministerpräsidenten geduldig über sich ergehen lassen. Abgesehen von der kurzen Episode nach dem Zweiten Weltkrieg ist das seit tausend Jahren immer wieder als „Metropole" Thüringens apostrophierte Erfurt mit deutscher Einheit

Abb. 20: Der Hirschgarten (1865)

und Neugründung des Freistaates nun endlich offiziell seine Hauptstadt geworden.

Der prächtigste Raum der alten Statthalterei ist der barocke Festsaal über dem Vestibül. Wer ihn außerhalb öffentlicher Veranstaltungen anschauen möchte, sollte sich eine zwingende Begründung für das freundliche Ordnungspersonal ausdenken oder tatsächlich haben. Nach dem niedrigen Treppenhaus, das den Aufsteigenden zu ducken scheint, wirkt der über zwei Etagen reichende Festsaal mit seiner Empore um so hoheitsvoller. Das ist raffiniert arrangiert, wie der ahnungslose Besucher sich plötzlich in diesen höheren Sphären wiederfindet, über ihm nur die Wahrheit auf goldenem Thron, ein zartes, fast durchsichtiges und ausnahmslos von Geschlechtsgenossinnen umgebenes Frauenzimmer in Wolken.

Als mehr oder weniger legitime „Erben" der Mainzer Statthalter schlugen hier preußische und französische Militärs ihre Stiefelabsätze aufs Parkett, seit 1816 der Regierungspräsident Preußens seine beamteten Schuhe. Nach dem Zweiten Welt-

krieg folgten einem kurzen amerikanischen Intermezzo die sowjetische Verwaltung mit mehr oder weniger ausgetretenen Marschwerkzeugen und schließlich der aus nun „volkseigener" Produktion beschuhte Rat des Kreises Erfurt-Land. Der konnte vermutlich am wenigsten mit diesem repräsentativen Umfeld anfangen, wohingegen heute Sicherheitsinteressen eine wirkliche Entfaltung des mächtigen Gebäudekomplexes in das städtische Umfeld zu vereiteln scheinen.

Die glücklichste Symbiose mit der noch immer spürbaren Aura des Hauses ging wohl der Statthalter des „Kurfürstlich Mainzischen Erfurter Staates", Karl Theodor von Dalberg, ein. Im nachhinein erwies sie sich als nobles Abschiedsgeschenk der Mainzer Herrschaft. Vielleicht waren es zu einem Teil diese 30 guten Jahre, die die Abgeordneten des Thüringer Landtages 1992 darin bestärkten, den vormaligen Ministerpräsidenten von Rheinland-Pfalz, Bernhard Vogel, auf den gleichen Posten in Thüringen zu wählen.

Karl Theodor von Dalberg stammte aus einem seit Anfang des 13. Jahrhunderts im Nahegau nachweisbaren, 1653 in den Stand von Reichsfreiherren erhobenen Adelsgeschlecht. Über zahlreiche Ämter stieg er 1802 in den Rang eines Erzbischofs und Kurfürsten von Mainz auf. Das begann sich freilich bereits im Strudel der Napoleonischen Kriege aufzulösen. Sein enger Anschluß an Napoleon hielt ihn jedoch im Gegensatz zu vielen seiner Amtskollegen als Fürstprimas des Rheinbundes und Herrscher des 1810 etablierten Großherzogtums Frankfurt noch auf den Höhen alter Macht. Gemeinsam mit Napoleon allerdings hatte er infolgedessen auch gehörige Zeit auf der „Anklagebank" des vorzüglich in nationalen Kategorien denkenden 19. Jahrhunderts abzusitzen.

Von der Dramaturgie her gelang dem jungen Statthalter schon mit seinem ersten Auftritt in Erfurt ein kleines Kabinettstück. Ganze anderthalb Jahre nach seiner Ernennung hatte der als Hoffnungsträger einem unfähigen Vorgänger folgende und deswegen sehnlichst Erwartete verstreichen lassen, ehe er in der Nacht zum 3. Oktober 1772 zunächst ohne jedes Aufsehen in der Stadt eintreffen sollte. Kurz nach seiner Ankunft jedoch brach ein Brand aus. In der Überzeugung, daß das Feuer nicht ohne ihn zu bezwingen sei, mischte sich der junge Edelmann sogleich befehlend in die Löscharbeiten. Doch da ihn niemand kannte, bot man ihm als Alternativen zu seiner in dieser Situation wenig dienlichen Befehlerei, den Arsch zu lecken, das Maul zu halten oder am besten selbst mit anzupacken, und nannte ihn einen „Quetschendolmes". Noch als die entsetzte Gefolgschaft Dalbergs dessen Identität lüftete, reichte das nur zu einer knappen Entschuldigung, die Löscharbeiten unterbrach man deswegen nicht. Doch statt Respekt zu fordern, gelang dem Statthalter nicht nur ein menschliches Einsehen, sondern gar ein Lächeln. Und er soll tatsächlich zugepackt haben und geblieben sein, bis der Brand gänzlich gelöscht war.

„Zwischen der denkenden Vernunft, dem empfindenden Herzen und dem ausführenden Willen" eine harmonische Einheit zu finden, so beschrieb Dalberg selbst sein Bemühen. Das war der Kern einer aufklärerischen Geisteshaltung, die sich der praktischen Tagesarbeit nicht entzog und noch im Jahr seines mit dem medienwirksamen Löscheinsatz verbundenen Amtsantrittes in einer Verordnung Niederschlag fand, die zu fachgerechtem Kaminbau mahnte und das hölzerne Schindeldach verbot. Vier Jahre darauf widmete die 1754 in Erfurt gegründete „Churmainzische Akademie nützlicher Wissenschaften" ihre alljährliche Preisfrage der Verbesserung der Feuerspritzen; 1779 gab es eine Feuerversicherung; 1792 schrieb Dalberg seinen *Versuch einiger Beyträge über die Baukunst*, und 1794 hatte Erfurt seine erste „Bau-Verordnung". Vergleichbare Aktivitäten entwickelte der Statthalter auf dem Gebiet der Wirtschaftsförderung, des Sozialen und in der Gesundheitspolitik.

Auch die heruntergekommene Erfurter Universität sollte in neue Bahnen gelenkt werden. 1771/72 war sie durch den Weggang von Friedrich Justus Riedel, Karl Friedrich Bardt und Christoph Martin Wieland ihrer namhaftesten Professoren verlustig gegangen. Ein Chance für das Institut sah Dalberg in der Konzentration auf „Brotstudien", auf die „Ausbildung brauchbarer Staatsdiener". Auch die Professoren sollten sich vor allem der Lehre und ihren Studenten widmen, statt ihrer Eitelkeit und immer neuen Publikationen. Auf „Erweiterer der Wissenschaften", wie Dalberg zugespitzt formulierte, auf „Leibnize" und „Bacone" könne man dabei gut verzichten.

Eine gewisse Komik wuchs dieser Äußerung insofern zu, als Dalberg 1784/85 selbst als Freimaurer unter dem Logennamen „Baco von Verulam" auftauchte. Francis Bacon, der Philosophie und Wissenschaft durch die aus Beobachtung und Experiment gewonnene „unverfälschte Erfahrung" zu erneuern suchte, war seit 1618 in den Rang eines Lordkanzlers und Barons von Verulam erhoben worden. Er zählte zu den wichtigsten Vordenkern der Aufklärung. Und was das Publizieren betraf – die über siebzig veröffentlichten Titel zu den verschiedensten Themen zeugen auch da nicht gerade von Zurückhaltung.

Dalberg, der auch ein wenig zeichnete, begriff sich als gleichberechtigter Partner der geistigen Elite, die er um sich zu sammeln suchte, und nicht nur als ihr Förderer.

Dem ersten Brief an Johann Gottfried Herder beispielsweise legte er einen Text mit dem bezeichnenden Titel *Herder und ich* bei. „Herder fliegt kühn und hoch", heißt es dort, „hat Adlers Aug' und unermeßnen Gesichtskreis. Ich suche ängstlich festen Fuß, bin beisichtig, aber genau sehend, habe eiserne Geduld. […] Aber sein und mein Zweck ist Wahrheit, nicht schaler Ruhm, und so kann jeder den anderen warnen. Er zu weit, ich zu eng; wo wir beide zusammenkommen, ist vermuthlich Wahrheit in der Mitte!" Dalberg hatte für Herder bei Herzog Carl August von Sachsen-Weimar ein gutes Wort eingelegt bezüglich dessen Bewerbung um den Posten eines Generalsuperintendenten und Oberpfarrers an der Stadtkirche zu Weimar. Wenig später nahm der Jahrzehnte währende Briefwechsel der beiden seinen Anfang.

Für Schillers umstrittenes erstes Drama *Die Räuber* lancierte der begeisterte Karl Theodor von Dalberg – sein Bruder Wolfgang Heribert war in Mannheim Theaterintendant – eine Rezension in der „Erfurtischen Gelehrten Zeitung". „Haben wir je einen deutschen Shakespeare zu erwarten, so ist es dieser", lautete das Resümee. Bereits persönlich miteinander bekannt, machte der Statthalter Schiller zehn Jahre später auf die Figur des Wallenstein als „großes Thema für ein Trauerspiel" aufmerksam, versorgte ihn durch einen Erfurter Gelehrten gar mit Material zum Thema. Sobald er Kurfürst würde, hatte er Schiller auf dessen Anfrage zugesichert, wollte er ihn materiell so sicher stellen, daß sein „Geist nach eigenem Trieb sich seinem Flug überlassen könnte". „Ich habe wenige Menschen gefunden", so schwärmte Schiller, „mit denen ich überhaupt so gern leben möchte als mit ihm. Er hat meinen Geist entzündet und ich, wie mir vorkam, auch den seinigen." In diesen Zeiten, da Empfindsamkeit als menschlicher Wert galt, scheint der Schritt zwischen Offiziellem und Persönlichem zumindest verbal nur ein kleiner gewesen zu sein. Es waren unter anderem Dalbergs öffentlich gezeigte Sympathie bezüglich Schillers Beziehung zu Charlotte von Lengefeld und die Zusagen finanzieller Art, die es dem Dichter erleichterten, seine Verlobte endlich auch zum Traualtar zu führen. Und schließlich taufte Karl Karl, nämlich Karl Theodor von Dalberg Schillers 1793 geborenen Sohn.

Die Hauptstreiterin für Schillers Liebe war Caroline von Dacheröden gewesen, eine Freundin von Schillers Braut und „idealistische Erscheinung, deren Seele den zarten Körper durchleuchtet", wie der Dichter formulierte. Sie gehörte zu den angesehensten Familien Erfurts. Das noch heute durch seine freie Großzügigkeit imponierende Renaissancehaus „Zum güldenen Hecht", Anger 37, das „Haus Dacheröden", war vor allem durch sie zu einem der Schnittpunkte des geistigen Erfurt geworden. Ihr Vater, Freiherr Karl Friedrich von Dacheröden, war

Abb. 80

seit 1778 Präsident der bereits erwähnten „Akademie nützlicher Wissenschaften". Ihr gehörten um 1800 neben Schiller und Goethe auch die Gebrüder Humboldt an. Wilhelm von Humboldt war schon 1792 sein Schwiegersohn geworden. Und auch in diesem Fall soll es der von den Damen als „Goldschatz" und „Coadjutor der deutschen Literatur" gerühmte Dalberg gewesen sein, der die Verbindung durch freundliches Nicken beförderte.

„Um unseren edlen Freund und Beschützer Dalberg dachten wir uns in der schönen Gegend von Mainz ein herrliches Leben. Sein großer, immer lebendiger Geist, mit wahrhaft kindlicher Güte des Herzens, wie es dem Genie eigen ist, vereint, gaben dem Leben mit ihm einen Zauber, der das Herz unwiderstehlich anzog. Wilhelm von Humboldt wollte auch dort leben, und ich in Besuchen mich mit meinen Freunden oft vereinen." So erinnerte sich Caroline von Wolzogen, die Schwester von Friedrich Schillers Frau. „Schwerlich hat je ein so schönes Leben existiert, als es unsre Phantasie dichtete. Dalberg hörte unseren Träumen oft lächelnd zu; dann verfinsterte aber oft tiefer Ernst seine Züge, und er sagte: Kinder, denkt euch das ja nicht als etwas Gewisses; mancher Sturm kann das alles umstürzen."

Wie Dalberg sich in diesem „Sturm" mit Namen Napoleon Bonaparte verhielt, ist schon angedeutet worden. Als Schiller zwei Jahre vor seinem frühen Tod das letzte Mal in Erfurt weilte, tat er das auf Wunsch des preußischen Offizierskorps und hatte „großen Spaß", sich so „mitten in einem großen Militär zu finden".

Und wie war es mit dem, der meinte, daß ihn die Deutschen nicht mögen? „Sie mögen mich nicht! Das matte Wort! Ich mag sie auch nicht. Ich habe es ihnen nie recht zu Danke gemacht!" Goethe, der probeweise als „ein kleiner eingewickelter, seltsamer Knabe" auf dem Weg nach Leipzig durch Erfurt reiste, war seit 1775 in vielerlei Eigenschaft regelmäßig Gast in der Stadt. Als einer der Exponenten des jungen und zuweilen einen recht ausschweifenden Lebensstil pflegenden Weimarer Hofes machte der Dichter des *Werther*, der „schöne Hexenmeister", zu dem ihn Wieland stilisierte, bald auch die Bekanntschaft mit dem nur fünf Jahre älteren und, wie Goethe, aus dem rheinfränkischen Sprachraum gebürtigen Dalberg. Beide schrieben sie statt Wäldchen „Wäldgen".

„Gestern Abend", berichtete Goethe in einem Brief vom 5. Mai 1780 an Charlotte von Stein, „gab der Graf Ley den Frauen und Fräuleins ein Abendessen und Tanz. Es waren niedliche Misels dabey und es ging lustig zu. Der kleine hat seine schönen Gäste mit unendlichen Kinderpossen geneckt und sie haben sich mit ihm herumgerollt. Der Stadthalter war vergnügt. Wir haben schon was rechts geschwäzzt, für mich ist sein Umgang von viel Nuzzen. Durch die Erzählungen aus seinem mannigfaltigen politischen Treiben, hebt er meinen Geist aus dem einfachen Gewebe in das ich mich einspinne [...]. Er hat eine treffliche Gewandtheit in bürgerlichen und politischen Dingen, und eine beneidenswerthe Leichtigkeit. Wir haben gekannegiesert und gegörzt, und aus allem was ich von den vier Enden der Erde höre, zieh ich meine eigene Nuzzanwendung."

Ein Jahr zuvor war Goethe zum Geheimen Rat ernannt worden. 1782 stieg er zum Chef der Finanzkammer des Herzogtums Weimar auf und profitierte gewiß von den reichen Erfahrungen des Statthalters in diesen Dingen. Vor allem aber sollen es naturwissenschaftliche Themen gewesen sein, über die sich Goethe mit Dalberg austauschte. Seine in diese Jahre fallende Beschäftigung mit der Entwicklung der Pflanzen, das über die Aufsicht des Ilmenauer Bergbaus erneut erwachte Interesse für Geologie, die Entdeckung des Zwischenkieferknochens beim Menschen, die Goethe 1784 machte, dürften Gegenstände ihrer Unterhaltungen gewesen sein. Der Versuch, Erfurt zu einem dauerhaften Gastspielort des ebenfalls von Goethe geleiteten Weimarer Hoftheaters zu machen, glückte trotz dieser guten, auf persönlicher Sympathie ruhenden Kontakte allerdings nicht und mußte nach einigen Jahren wegen mangelnder Resonanz aufgegeben werden.

Seinen bedeutendsten Auftritt in Erfurt sollte Goethe aber erst zwölf Jahre später haben, nicht als Intendant oder Politiker, sondern als „Mann". „Vous êtes un homme", soll der erste Satz gewesen sein, den Kaiser Napoleon dem Weimarer zukommen ließ, nachdem er das Frühstücken eingestellt und ihn einige Momente „aufmerksam" angeblickt hatte. Einen Satz, den Thomas Mann in *Lotte in Weimar* Goethe am Ende des Gesprächs mit dem Kaiser erinnern läßt. „Wer sagt euch", läßt er den alten Dichterfürsten räsonieren, „daß nicht die Poesie die Liebhaberei ist und der Ernst bei ganz

Abb. 21: Goethe und Napoleon 1808 im Regierungsgebäude zu Erfurt

was anderem, nämlich beim Ganzen? Dummes Gequak, dummes Gequak! Wisse nicht, die Dusselköppe, daß ein großer Dichter vor allem groß ist und dann erst ein Dichter, und daß es ganz gleich ist, ob er Gedichte macht oder die Schlachten schlägt dessen, der mich in Erfurt ansah, mit lächelndem Mund und finsteren Augen, und hinter mir her sagte, absichtlich laut, daß ichs hören sollte: ‚Das ist ein Mann' – und nicht ‚Das ist ein Dichter'. Aber das Narrenvolk glaubt, man könne groß sein, wenn man den ‚Divan' macht, und bei der ‚Farbenlehre', da wär mans nicht mehr ..." Die Arbeit an der *Farbenlehre* hatte Goethe wegen der Reise nach Erfurt unterbrochen und eine ärgerliche Kritik derselben auf dem Tisch, als ihn Jahre später seine Jugendliebe am Frauenplan heimsuchte.

Grund für den Aufenthalt war der um die Monatswende September/Oktober in Erfurt stattfindende Fürstenkongreß, an dem „das ganze belehnte, unterjochte und versklavte Deutschland [...] bescheiden um die Ehre" nachsuchte, „sich vor dem Herrn der Welt verbeugen zu dürfen." So empfand es zumindest ein Kommentator aus dem Gefolge des russischen Zaren Alexander I., der zweiten Hauptfigur im Gewimmel. „Schmeichelei, die an

Vergötterung, und niedere Gesinnung, die an Ekel grenzte, schienen sich gegenseitig überbieten zu wollen." Selbst den französischen Minister des Auswärtigen, Charles Maurice de Telleyrand, machte die Unterwürfigkeit der Besiegten nicht glücklich. Als Spitze der Selbsterniedrigung empfand er eine Wildschwein-Treibjagd, die man zu Ehren Napoleons auf dem Schlachtfeld von Jena veranstaltete, hatte doch die Niederlage der preußischen Truppen dort genau zwei Jahre zuvor den Zusammenbruch Preußens eingeleitet.

Um die eigenen Interessen zu sichern, stimmte Napoleon der Annexion der Donaufürstentümer und Finnlands durch Rußland zu und erhielt dafür freie Hand in Spanien. Außerdem handelte Alexander I. dem Korsen gegen die Unterstützung bei einem etwaigen Angriff Österreichs Vorteile für seine künftigen Verbündeten Preußen und Großbritannien ab.

Im übrigen beteuerte man seine „Freundschaft", tauschte Höflichkeiten aus und schritt von einer Festlichkeit in die andere. Für die 15, von Napoleon ausgewählten abendlichen Theateraufführungen in dem seither als „Kaisersaal" firmierenden Ballhaus in der Futterstraße waren eigens die Schauspieler der berühmten Comédie-Française „eingeflogen" worden, jenes französischen Nationaltheaters, dem Napoleon 1812 seine noch heute gültige, auf Selbstverwaltung der Schauspieler basierende Verfassung gab. Auch Goethe durfte fünf Abende „mit Enthusiasmus" den Aufführungen beiwohnen.

„[...] ich will gerne gestehen", schrieb er nach den Aufregungen dieser Tage im Stil einer offiziellen Verlautbarung Anfang Dezember an den Verleger Cotta, „daß mir in meinem Leben nichts Höheres und Erfreulicheres begegnen konnte, als vor dem französischen Kaiser und zwar auf eine solche Weise

zu stehen. Ohne mich auf das Detail der Unterredung einzulassen", so Goethe weiter, „kann ich sagen, daß mich noch niemals ein Höherer dergestalt aufgenommen, indem er mit besonderem Zutrauen mich, wenn ich mich des Ausdrucks bedienen darf, gleichsam gelten ließ, und nicht undeutlich ausdrückte, daß mein Wesen ihm gemäß sei."

Ja, auch wenn er später im gleichen Schreiben von seinem „freundlichen und gnädigen Herren" spricht, er fühlte, daß sie beide aus einem Stoff waren, in ihrer jeweiligen Bestimmung einander ebenbürtig, trotz des äußeren Standesunterschiedes, zwei kleine Männer, jeder auf seiner Höhe; hier der französische Kaiser, „Protektor" einer Universalmonarchie, „Sohn des Glücks", wie er sich selbst nannte, dessen Herrschaft nicht den Tag überdauern würde, an dem er aufhörte, „stark und folglich gefürchtet zu sein"; dort der kosmopolitisch denkende „Mann", der von Weimar aus den Weltgeist belauerte und von den Deutschen trotz seiner diesbezüglichen Unzuverlässigkeit am Ende doch als Nationalpoet zwangsrekrutiert wurde.

Als Goethe Ende Juli 1814 Richtung Rheinland Erfurt streifte, ließen die Verse, die er notierte, die Kriege der Zeit in der Ferne nur ahnen: „Ja, es sind die bunten Mohne, / Die sich nachbarlich erstrecken / Und dem Kriegesgott zum Hohne, / Felder streifweis decken." Ihm, der Napoleon immer noch verehrte, war es unmöglich, in den allerorts eingeforderten Haß auf den „welschen Tand", den „Franzmann" und den „Erbfeind" (Ernst Moritz Arndt) einzustimmen. Er empfand sich „im Gegensatz mit dem Lauf der Welt". Er hätte die Deutschen „noch nie verbunden gesehen als im Haß gegen Napoleon". So schrieb Goethe schon im November 1813 an einen Freund. „Ich will nur sehen, was sie anfangen werden, wenn dieser über den Rhein gebannt ist [...]."

Neuntes Blatt:
Phantastische Begegnung auf dem Anger

Abb. 74, 75, 79, 80

Vom Anger als mittelalterlichem Markt für das Erfurt zu Wohlstand verhelfende Färberwaid war schon die Rede. Doch als dieser ist er nicht mehr zu erleben. Heute bezeichnen ihn die einen als architektonisches Bilderbuch der letzten fünfhundert Jahre, die andern nehmen ihn profan als Geschäfts-, als Einkaufszentrum. Wieder andere erkennen in ihm jene merkwürdige Symbiose aus Platz und Straße, die in ihrem Grundriß an das Joch eines Wasserträgers erinnert. Den einen Eimer stellt die weltliche Macht in Gestalt der Statthalterei dar, den anderen mit der alten Kaufmannskirche die geistliche. Und dazwischen liegt das gebogene Holz des Joches, der zur Straße gedehnte Platz, auf den Schultern einer mehr oder weniger kräftigen Wirtschaft, über den die Leute permanent und ohne von außen erkennbaren Grund hin und her zu laufen scheinen.

Oft war ich erst nachts allein, wenn ich über den Anger wanderte, um ein Bild für ihn zu finden, einen Begriff. Und eines Nachts ist er mir dann entgegengekommen, mit flatterndem, weißem Nachtgewand, wie ein aufgeregter Gänserich, Friedrich Wilhelm II., der preußische König. Irgendwann in den letzten Tagen hatte ich davon gelesen, daß seine Majestät aufgrund von Koalitionsgesprächen, die er in Erfurt zu führen gedachte, am 11. Juni 1792 standesgemäß in dem Anfang des 20. Jahrhunderts durch ein Warenhaus verdrängten Hotel „Römischer Kaiser" abgestiegen war. Man bereitete militärische Schläge gegen das die europäischen Throne in Beben versetzende Frankreich vor. Das Gefecht, das dann noch im Herbst des gleichen Jahres bei Speyer stattfand, sollte auch einigen Bauernsöhnen des Erfurter Umlandes das Leben kosten.

Trotzdem der Regent – ermüdet von der Fahrt und den nervenden Verhandlungen in der Statthalterei – sich relativ früh zurückgezogen und zu Bett begeben hatte, duldete das einmal festgelegte Reglement für die darzubringenden Huldigungen keine Abstriche. So folgte dem dreihundertfachen Kanonensalut beim vormittäglichen Einzug des Königs der abendliche Zapfenstreich unter seinem Fenster. Ob es die bereits blank liegenden Herrschernerven waren oder ein jäh zerschnittener Traum, der ihm

die Musik als Feueralarm erscheinen ließ, ist letztlich egal. Jedenfalls, und das war das Gaudi für die herbeieilenden Leute, konnte ihn keiner halten. Im Nachthemd flitzte er über den Anger. Schon sein Oheim, Friedrich der Große, hatte nichts von ihm gehalten. Keine Disziplin plus Günstlings- und Mätressenwirtschaft gleich hohe Verschuldung. Nur die Liebe für Kunst und Wissenschaft hatte er von seinem Vorgänger geerbt, eine Leidenschaft, die ihn sympathisch machte, die Schulden aber nicht verringerte. So watschelte mir der etwas fettleibige Monarch auf dem Anger entgegen, blieb stehen und tastete mit seinen munteren Augen ruckweise die Umgebung ab. Vor seinem leicht aus der Ordnung geratenen muskulösen Genießergesicht stand Atemluft, und er schien zu lächeln, als seine Augen meinen begegneten, irritiert und ermunternd zugleich, wie: Schau doch mal, wo wir hier sind!

Wir waren uns etwa in Höhe des „Café Györ" begegnet, ungefähr in der Mitte zwischen den beiden Enden respektive Anfängen des Platzes oder der Straße. Und als nun auch noch der Kopf meines Kollegen Karl Emil Franzos „aus drei kränklichen Oleanderbüschen" hinter „einem grün angestrichenen Staket" auftauchte, wurde mir klar, daß wir uns nicht nur auf der Hälfte des Angers, sondern zugleich unserer Lebenszeiten getroffen hatten. Franzos war hier 1901 das Wort „Schicksalsstätte" eingefallen, weil architektonisches Nebeneinander von „Uraltem und Neuem, von Herrlichstem und Häßlichem, von feiner schwelgerischer Kultur und armseliger Nüchternheit" auch am Anger als für Erfurt prägende Eigenschaft zu konstatieren gewesen war.

Ich dachte „Wohnzimmer", ein in den Jahren um 1900 letztmalig grundlegend, aber nicht rücksichtslos erneuertes, großbürgerliches Wohnzimmer, allerdings in mittelalterlichen Mauern. Einige schöne alte Stücke wie das „Haus Dacheröden", das zum *Abb. 80* noblen Bücherschränkchen umfunktionierte „Haus zum Großen Schwanenreiter und Paradies" oder den als Vitrine für die kleine Kunstsammlung des Hauses genutzten barocken Packhof hatten die *Abb. 29* neuen Bewohner übernommen. Als eines der ältesten Stücke blieb der gotische Turm der Bartholo- *Abb. 79*

58

Abb. 22: Hotel „Römischer Kaiser" am Anger (um 1900)

Abb. 23: Der Anger mit dem Kaufhaus „Römischer Kaiser" im Hintergrund (um 1930)

mäuskirche, der einstigen Eigenkirche der Grafen von Gleichen.

Neu baute man wieder vor allem in gotischen Formen, doch nicht allzu verstiegen, nicht gar so geistig oder kalt, sondern eher hausväterlich, zuweilen sogar mit Witz. An das eine Ende wurde ein Brunnen, in eine seitliche Nische des anderen ein Luther gestellt, der Brunnen mit einem steinernen, von Engelchen beflatterten Obelisken, an dessem Fuß nackte, allegorische Figuren – die Flora beziehungsweise den Gewerbefleiß darstellend; der Luther als weit über den Alltag blickender Prediger der Heiligen Schrift auf einem übermannshohen Sokkel. So hatte man nicht nur dem Glauben, sondern auch der Schönheit und dem Nützlichen ein Ehreneckchen eingerichtet. Und natürlich ist Neues zwischenzeitlich hinzugekommen, zuletzt die unbekümmert gestapelten und in den Straßenraum sich schiebenden Stahl-Glas-Kuben Ecke Schlösserstraße/Anger, eine Art gigantisches Bücherregal, gemäßigter Erfurter Dekonstruktivismus, die Komplettierung eines architektonischen Dreiklangs am Platz, der durch die spezifischen Zwecke der einzelnen Gebäude zugleich Epochencharaktere erlebbar macht.

Der heute als Museum genutzte Kurmainzische Packhof wurde 1706–12 als Waage- und Akziseamt erbaut, war also im Auftrag des Kurfürsten für die Ordnung der Verbrauchs- und Verkehrssteuern, den Zoll und die Kontrolle der üblichen Meßmittel zuständig. Diese in heutigen Augen eher profane Funktion erhielt durch die reich gestaltete Fassade und das große Kurmainzische Wappen nicht bloß einen fürstlichen Nimbus. Die auf der Dachbalustrade sowie am Giebel um die Figur des Heiligen Martin postierten Tugenden hoben die Funktion des Gebäudes ins Allgemeinmenschliche, ins allgemein und dauerhaft Gültige und verliehen ihm die Aura des Heiligen.

Verkehrt sind diese Werte in der modernen Großbuchhandlung auf der Seite gegenüber. Obwohl sie in ihren Regalen neben der schwer zu ordnenden Flut der Tagesware noch immer einen Extrakt des zwischen Buchdeckeln komprimierten Wissens, des geistigen, religiösen, des künstlerischen Vermögens der gesamten menschlichen Kultur bereithält, ist sie durch die Egalität ihrer Formen und die Nüchternheit ihrer Ordnungsprinzipien immer darauf bedacht, auch nur den leisesten Hauch einer wie immer gearteten Bedeutsamkeit,

eines aus ihren Inhalten abzuleitenden höheren Anspruches, einer Aura, zu vermeiden.

Auf halbem Weg zwischen diesen Extremen steht der mächtige Komplex der Hauptpost, ein um mehrere Innenhöfe in zwei Bauperioden um 1900 errichtetes „Stadtschloß": endlose Fensterreihungen, mächtige Portale mit Säulen und schmiedeeisernen Gittern, reich geschmückte Erker, prahlende Schaugiebel und ein hoch in den Stadthimmel ragender, ursprünglich viel reicher verzierter Uhrturm. Und das alles, um eine ordnungsgemäße Beförderung verschiedener Postsachen von A nach B zu gewährleisten. Schon 1867 war das Postwesen vom preußischen Staat als hoheitliche Aufgabe übernommen worden.

Ein solches Postgebäude wie das Erfurter war also nichts anderes als die Präsentation einer von Beamten getragenen, staatlichen Macht, in deren Ehrenhöfen immerhin noch Könige und Kaiser ihre Runden drehen durften. Es war aber eine Präsentation in alten, aus den verschiedenen Vergangenheiten gleichsam zur Bestätigung des eigenen Anspruchs herbeizitierten Formen, hinter deren maskenhafter Aura nicht nur ein Beamtenapparat, eine Staatsmaschine und Menschen wie Maschinen arbeiteten. Die Fassade der gründerzeitlichen Architektur, sie mochte neben der Repräsentation und der Mystifikation auch der Abdämpfung des Erschreckens vor dem dienen, was wir heute beiläufig als Industrialisierung, als „Industrielle Revolution" bezeichnen. Diese veränderte „die menschlichen Existenzbedingungen so tiefgreifend, daß selbst nüchterne Wirtschaftshistoriker […] erst in der Seßhaftwerdung des Menschen während der Jungsteinzeit" ein Ereignis von ähnlicher Tragweite zu entdecken glauben (Wolfram Siemann).

An etwa der Stelle, wo er heute als Wachsfigur aus einem der Fenster der Hauptpost schaut und die unvorbereiteten Passanten erschreckt, gründete 1795 der Chemiker Johann Bartholomäus Trommsdorff in seiner Apotheke eine „Chemisch-physikalische-pharmazeutische Pensionsanstalt", eine „Kaderschmiede" aufgeklärter Wissenschaft, in der nicht nur Apotheker und Chemiker, sondern auch Humanmediziner ausgebildet wurden.

Ins gleiche Jahr datiert auch die Gründung der ersten großen Schuhmanufaktur am anderen Ende des Anger, im damaligen Haus Nummer 39, also in direkter Nachbarschaft der beiden kulturellen

Abb. 79
Abb. 77

Abb. 75

Abb. 29

Abb. 74

Abb. 23

Abb. 24: Schuhfabrik „Lingel", Teilansicht der Stepperei (um 1900)

Leuchttürme, der Statthalterei und dem „Haus Dacheröden". Einhundert Jahre später beschäftigte die „Lingel AG" über eintausend Arbeitskräfte und war vor dem Ersten Weltkrieg eine der größten Schuhfabriken Deutschlands. 1922 arbeiteten über 3500 Leute in den Betrieben des inzwischen zum Konzern expandierten Unternehmens. „Die meisten Hosenträger, die in Deutschland gefertigt werden, sind hier gefertigt", schrieb schon Karl Emil Franzos, „und Milliarden Schuhe", denn, so der Flaneur, „jeder zwanzigste Mensch in Erfurt" sei ein Schuster.

Neben „Lingel" gab es an größeren Fabriken ja noch die „Deutsche Mechanische", „M. & L. Heß" oder „F. C. Böhnert" in der Mainzerhofstraße. Dort, in den Gebäuden des alten Mainzer Hofes, *Abb. 1* hatte sich bereits 1862 die „Königliche Gewehrfabrik" etabliert. Etwa 2600 Beschäftigte verdienten hier im Jahr 1890 ihr Brot durch die massenhafte Herstellung von Maschinen, deren Bestimmung im Ernstfall die Tötung von ihresgleichen war.

Die pure Zahl, die Größe, Masse, Höhe, Weite und die Geschwindigkeit stellte ein strukturbildendes, sich selbst faszinierendes Phänomen der Industrialisierung dar. Sie war mit einem sprunghaften Bevölkerungswachstum verquickt. Obwohl die Thüringer Metropole diesbezüglich hinter den großen Zentren zurückblieb, stieg auch hier die Zahl der Einwohner zwischen 1870 und 1906 um über das Doppelte auf 100 000. Erfurt war Großstadt geworden. Über 60 Prozent des Bevölkerungswachstums waren dabei dem Geburtenüberschuß und – durch verbesserte hygienische und medizinische Versorgung – zusätzlich einem Absinken der Sterberate bei Kindern und Säuglingen zu danken.

Schon unter Dalbergs Ägide war im sogenannten Polizeihaus eine Entbindungsanstalt eingerichtet sowie ein Hebammeninstitut gegründet worden. Für Bader und Barbiere gab es von der Universität betreute Kurse in Anatomie und Chirurgie. Doch gehörten Lungentuberkulose, Typhus und Cholera noch lange zu den epidemisch auftretenden Infektionskrankheiten. Allein die Choleraepidemie von 1866 forderte fast 1500 Tote, und auch die Säuglingssterblichkeit lag bis in diese Jahre bei sage und schreibe 25 Prozent. Ein damals in Auftrag gegebenes hygienisches Gutachten ermittelte als wichtigste Ursachen die desolaten Wohnverhältnisse in den ärmeren Quartieren der Altstadt, die zahlreichen Friedhöfe, aber vor allem die mangelhafte Entsorgung menschlicher und tierischer Exkremente und Abfälle, die in den Boden versenkt oder recht und schlecht über das vorhandene, offene Kanalsystem abgeleitet wurden. So lagen die Prioritäten zunächst auf diesem Gebiet.

Jetzt, 1880, eröffnete man ein neues Hebammenlehrinstitut in der Walkmühlstraße und baute außerhalb der alten Stadt, an der Nordhäuser Straße, die städtischen Krankenanstalten, in welche später auch das Lazarett für die in Erfurt liegende Garnison integriert wurde. Gesundheit entwickelte sich – im wohlverstandenen Interesse der aufstrebenden Industrien – zu einer von der Allgemeinheit und in deren Vertretung vom Staat zu regelnden Sache, in die auch der Tod einbezogen wurde. Er fand seinen individuellen Beschluß nicht mehr mit der Beisetzung auf dem an der Kirche liegenden Friedhof der Glaubensgemeinde, der man auch zu Lebzeiten angehört hatte, sondern in den numerierten Parzellen riesiger Grabfelder. In Erfurt waren das der Südfriedhof (seit Ende des 19. Jahrhunderts bis 1971) und der vor dem Ersten Weltkrieg angelegte Hauptfriedhof auf einer Höhe im Westen außerhalb der Stadt, an der Binderslebener Landstraße. Wenn man nicht persönlich betroffen war, konnten die landschaftlich schön gelegene Anlage, die wunderbare Aussicht und die parkartige Gestaltung den Ort zum ästhetischen Erlebnis eines Sonntagsspaziergangs machen. Die in der Zeit der Aufklärung mit der Forderung nach Hygiene begonnene „Verdrängungsarbeit" setzte sich nun gleichsam nach außen und innen bis in den heutigen Zustand fort, da wir bemerken, daß mit der Aussperrung des individuellen, spürbaren Todes auch ein Stück Lebenswärme verschwunden ist.

Konzentration, hierarchische Ordnung, Disziplin und ein strenges Zeit- und Verhaltensregime, die für die damalige Industriearbeit oder das Funktionieren des sich immer mehr zu einer „Maschinerie" entwickelnden Militärs unerläßlich schienen, griffen in modifizierter Form in fast alle Lebensbereiche ein und machten auch vor der Schule nicht halt.

Nur so konnte der Gedanke entstehen, die Schule als Vorbereitung für das Militär, das Militär als Vorbereitung für Beruf und Leben zu begreifen. „Alle schulmäßigen Schulen erziehen unmittelbar und in erster Linie Krieger […]." So faßte der Architekt Heinrich Tessenow unter dem Eindruck des Ersten Weltkrieges seine bitteren Erfahrungen bezüglich der preußisch-wilhelminischen Schule zusammen. Der immense Bedarf an Bildung, den die sich industrialisierende Gesellschaft hatte, brachte so imposante Schulgebäude wie das Johannes-Gutenberg-Gymnasium am Gutenbergplatz oder die Königin-Luise-Schule am Brühler Garten hervor, regelrechte Schul-Maschinen hinter prächtigen Fassaden, die allein durch ihre Ehrfurcht heischende Größe und die Zahl der Schülerinnen beziehungsweise Schüler, die eine allgemeine Schulpflicht zusammenführte, dem Einzelnen seine Situation deutlich vor Augen stellten.

Und doch wurden Leben gelebt, in und nach diesen Schulen, die den heutigen so unähnlich nicht waren. Die Schicksale von einigen Mädchen, die während der Weimarer Republik gemeinsam die Königin-Luise-Schule besuchten und in Faschismus, Krieg und deutsche Teilung gerieten, sind in dem von Eva Jantzen und Merith Niehuss herausgegebenen *Klassenbuch* auf eindrückliche und anrührende Weise dokumentiert worden.

Mit dem sprunghaften Ansteigen der Einwohnerzahl wuchs notwendig der Bedarf an Wohnungen. Der Versuch, den unübersichtlichen mittelalterlichen Stadtkern durch Numerierung der Häuser besser verwaltbar zu machen, war bereits vorher unternommen worden. „Derselbe Geist", schrieb der Theologe und Publizist Paulus Cassel schon 1859, „der mit nivellierender Gewalt alles Besondere und Eigenthümliche abhandelt und glatt macht, hat die bunte Bezeichnung durch Hausbildnamen in Straßennummern verwandelt, wie er die Häuser in einer langweiligen Einerleiheit anstreicht und aufbaut, wie er die Zimmer, eines wie das andere in derselben einthönigen Modezier meubliert und aufputzt. Das geschichtliche Gesetz, durch welche sich am Hause die Zahlenabstraktion an die Stelle der poetischen Mannigfaltigkeit gesetzt hat, ist der gesamte Charakter des Zeitgeistes, in dem wir jetzt noch leben."

Nachdem es im Zusammenhang mit den militärischen Auseinandersetzungen Preußens während der

Abb. 86

Abb. 25: Ausschachtungsarbeiten für das neue Bahnhofsgebäude (1891)

Jahre 1864–66 nochmals zu einem Ausbau der Erfurter Festung gekommen war, fielen nun die alten, wehrhaften Mauern und engen Tore im Gefolge des nach der Reichsgründung verabschiedeten Gesetzes zu deren Aufhebung bis auf die Zitadelle Petersberg und wenige Reste noch mittelalterlichen Ursprungs. Schon seit 1810 waren ja die inneren Tore beseitigt und mit Bäumen bepflanzte Wälle als Promenaden oder – im Süden der Stadt – als Bahndamm für den 1847 dort eröffneten Bahnhof genutzt worden. „Edlich kamb se vo dr Hänne ongerhargesaust on gepfiffen, 's war akerat assu, als wenne dr uffn Hausschlessel tut pfeffe." So rekapituliert eine der berühmten Erfurter „Schnozeln", jener in Mundart abgefaßten Anekdoten, die Ankunft der ersten Lokomotive auf dem in reduzierten Formen noch heute erhaltenen Bahnhof mit dem sämtliche umgebende Gebäude übersteigenden Uhrenturm.

„Dunnerladder, da baßte alles uf wie de Heftelmacher, om wie se se ze Gesechte kreschten, da bläkten se grad naus on wenkten mäht'n Schnupp-

dichern on wedelten mäht'n Metzen. On wie se sech su fraiten, do fung ja de Lokemätive uff äimal ahn, väl langsener ze fahren, als obben se dassen se arschrucken wäre. De Lokemätive bleb an Enge ganz on gar stihneng. Su e Deng hotten mi jo alle i Laben noch nech gesiehn, se war mäht Gärlann betotzt wie a Festochse. Abber uff äimal, onversiehns, kanner hat ja suwas nech gedacht, da fung se vo' ubene on vo' ongene on ze fauchen, ze spretzen on ze wertschaften, daß'ch a Satz zerrecke tat, daß'ch nur mäht lebennengen Läibe drvon komme wolle. Se schreh grade naus, als wenn'r jemand was getan hätte, on daderbäi gengs emmer: buh! buh! buh!"

Nun wurde auch Platz für einen neuen Bahnhof, der ab 1887 in unmittelbarer Nähe des alten auf in die Tiefe des Festungswalls hineingegrabenen Fundamenten erwuchs. Der Charme der intelligent gestalteten Anlage mit dem Inselgebäude zwischen den Gleisen und den interessanten Durchblicken von den Bahnsteigen bis hinein in die Schlösserstraße und hinauf zu der nach der Jahrhundertwende zum Stadtpark umgestalteten Daberstedter Schanze liegt vor allem in seiner überaus maßvollen, ja geradezu zurückgenommenen Proportionierung.

Während sich die Beräumung oder Umgestaltung der zum Teil gigantischen Erdwälle bis in das nächste Jahrhundert hinzog, brach man das „Pförtchen" im Brühl als letztes „Wahrzeichen der alten Erfurter Festung" schon 1888 ab, also just in dem Jahr, da der Bauboom, begünstigt durch den Wegfall der sogenannten Rayonordnung und die freiwerdenden Festungsareale, seinen Höhepunkt erreichte. Neben neuen Bahnanlagen erhielt die Stadt durch Verschüttung des zur Kloake verkommenen inneren Festungsgrabens die einen Teil der Altstadt umfassende Ringstraße, die heutige Juri-Gagarin-Straße. Auf den ehemaligen Festungsrayons entstanden nicht nur neue Fabriken, sondern auch ganze Wohnviertel für die in diesen Fabriken tätigen Arbeiter und Angestellten: nach Norden die Andreas- sowie die Johannesvorstadt und Daberstedt im Westen, wobei es einem bei der selbst aus heutiger Sicht hohen Qualität dieser Wohnquartiere und dem Fehlen der sich um enge Hinterhöfe staffelnden Mehrfachbebauung selten in den Sinn kommt, einen Begriff wie Mietskasernen zu gebrauchen. In ihrem Wesen, ihrer Tendenz zu massenhafter Reihung weitgehend gleicher Grundeinheiten waren sie es jedoch ebenso wie die bis heute errichteten Wohnviertel vergleichbarer Struktur, viele der zuweilen trostlosen Einfamilienhaussiedlungen auf der „grünen Wiese" eingeschlossen. Ihnen gegenüber wirken die mittlerweile sanierten Häuserreihen der Gründerzeit, wie sie etwa an der Geschwister-Scholl-Straße in der Krämpfervorstadt oder am Löberwallgraben zu finden sind, wie Verheißungen aus einer bereits vergangenen Zukunft.

Die etwas kostspieligere, zunächst ja rein äußerliche Individualität etablierte sich dann zum Beispiel auf dem Löberfeld, am Fuße des Steiger, wobei die Straßen gleich vorsorglich mit Dichternamen geschmückt wurden. „Sonderbare Schwärmer, diese Erfurter," meinte Franzos, „wissen sie denn nicht, daß solche Namen nur dann in Deutschland als kümmerliche Lückenbüßer angewendet werden dürfen, wenn kein General, kein Stadtrat und kein Rest der Nachbarschaft mehr unverewigt ist?!" Nur über die Rangordnung mußte er sich doch mokieren. „Geibel hat eine Hauptstraße, während sich kleine Leute wie Lessing, Kant und Uhland eben mit Nebengäßchen begnügen müssen; manch

leuchtender Name ist vergessen, aber nicht Voß und Simrock." Unverständlich für uns heute, daß er diese Villen wohl für „freundlich, aber bescheiden" hielt. Offenbar war er anderes gewohnt. Überdies bleibt eine der imposantesten der Erfurter Villen unerwähnt.

Ab 1897 ließ sich der Hoffotograf Karl Festge von dem Architekten Eduard Kayser auf einem großen Grundstück über der Cyriakstraße seinen Foto-Grafensitz bauen. Das asymmetrisch gestaffelte, mit Balkon, Freisitz, Terrasse und Freitreppe bereicherte sowie mit allerlei ornamentalem und figürlichem Zierat geschmückte Gebäude wird bekrönt von einer Art antikischem Rundtempel, dessen Dach wiederum eine Krone trägt, die wohl gotisch aussehen soll und vermutlich eine Heiligenfigur beherbergt.

Doch nicht seine Fotografie, sondern seine hiesigen Bodenspekulationen und eine Dampfziegelei in Brunsbüttel hatten ihn zum Millionär gemacht. Und während er lukrative Staatsaufträge, wie etwa die Lieferung von sechzig Millionen Ziegelsteinen zum Bau des Kaiser-Wilhelm-Kanals, abfaßte, bekam Festge für eine derart heroische Tat von Kaiser Wilhelm II. noch den Kronenorden IV. Klasse an die Brust geheftet.

„Kaiser?" Friedrich Wilhelm II. stand noch immer im Nachthemd vor mir und hörte womöglich meine Gedanken ab. Ich hatte ihn ganz vergessen. Doch mir schwante, was ihn an diesem Gedanken so erregte. „Ihr Ururenkel", sagte ich. „Er hat dem Wilhelminischen Zeitalter seinen Namen gegeben." Das Gesicht des Königs begann wie ein junger Vollmond zu strahlen. „Doch nach der Novemberrevolution von 1918", fuhr ich ein wenig unbarmherzig fort, „mußte er abdanken und ist 1941, sechs Jahre vor der endgültigen Auflösung des preußischen Staates, in seinem niederländischen Exil gestorben."

Der König drehte sich um, ging noch ein paar Schritte irritiert auf die „kränklichen Oleanderbüsche" zu und löste sich samt diesen, dem „Staket" und dem dahinter noch immer Stichworte flüsternden Karl Emil Franzos im Dunkel des Abends auf.

Tatsächlich hatte es dieses Preußen in einhundert Jahren geschafft, aus der Asche der Napoleonischen Kriege wie ein Vogel Phönix aufzusteigen und nach Ausschaltung des Mitbewerbers Österreich ein Deutsches Reich unter seiner Hegemonie zu etablieren, diese aber, samt großer Territorien, mit dem Ersten Weltkrieg auch wieder zu verlieren.

Die Ironie der Geschichte hat es gewollt, daß jener Wilhelm von Humboldt, der ins „Haus Dacheröden" eingeheiratet und unter den Fittichen eines Mainzer Kurfürsten namens Dalberg in einer Kolonie befreundeter Geister hatte leben wollen, als einer der beiden Unterhändler Preußens beim Wiener Kongreß diesen Weg mit bahnen half, wenngleich man ihn wenige Jahre danach aus dem preußischen Staatsdienst entließ, weil er glaubte, an den während der Befreiungskriege entstandenen Reformplänen festhalten zu müssen. Was die „Richtigstellung" der von ihm getragenen und entwickelten Ideen betraf, ging es dem auf universale Bildung setzenden Neuhumanisten Humboldt ähnlich wie dem ja ebenfalls mit Dalberg verbundenen, allerdings schon 1803 verstorbenen Johann Gottfried Herder. Dessen Geschichtsphilosophie begriff die Nation zuerst als kulturelle und nicht staatliche Einheit, wie das im englischen oder französischen Sprachraum üblich gewesen war. Den noch staatenlosen, „unerlösten" Nationen Mitteleuropas prophezeite Herder einen „Völkerfrühling" in einer Familie gleichberechtigter, in Frieden und Freiheit lebender Nationalitäten.

Wie schon Goethe geahnt hatte, sollte der Umstand, daß sich das Nationalgefühl der Deutschen weniger aus einem langsam gewachsenen Bewußtsein ihrer kulturellen Identität als vielmehr dem Verlust alter Bindungen und in einigemdem Haß gegen die napoleonische Fremdherrschaft entwickelt hatte, bereits die Gefahr eines übersteigerten Nationalismus in sich tragen. Bestätigung erhielt der Glaube von der besonderen Mission der Deut-

schen unter anderem durch die zwei gewonnenen „Einigungskriege" von 1866 und 1870/71. Potenziert wurde er durch den Aufstieg Deutschlands zur industriellen Großmacht, durch die Entwicklung einer mehr und mehr in Großstädten lebenden Massengesellschaft mit hohem, leicht zu beeinflussendem Erregungspotential.

Man stand nicht nur gemeinsam an einer Werkbank, wohnte in einem Karree von Mietshäusern, vergnügte sich in der Vielzahl auf dem „Waldspielplatz" des Männer-Turnvereins im Steiger, in Badeanstalten wie dem „Espach-Bad" oder Großrestaurants wie „Vogels Garten" am Dalbergsweg. Die ersten Großkaufhäuser erschienen als gestaltgewordenes Versprechen eines allgemeinen Wohlstandes. Die Zeitung wurde als Massenmedium entdeckt, Massenorganisationen wie Gewerkschaften und Parteien entstanden.

Eine davon war die Sozialdemokratische Partei Deutschlands, die 1891 in dem mit roten Fahnen geschmückten „Kaisersaal" in der Futterstraße eine ihrer Sternstunden erlebte. In ihrem „Erfurter Programm" forderte sie neben dem allgemeinen, gleichen und direkten Wahlrecht, der Abschaffung des stehenden Heeres oder der Gleichberechtigung der Frau nicht weniger als die Abschaffung des gerade erst richtig in Fahrt kommenden Kapitalismus durch Gemeinbesitz an Produktionsmitteln. Die Forderung internationaler Solidarität im proletarischen Kampf brachte den Sozialdemokraten den Ruf ein, „vaterlandslose Gesellen" zu sein, ein Ruf, der sich bei Ausbruch des Ersten Weltkrieges leider nicht bestätigen sollte.

Abb. 26 und 27: Die Synagoge am Kartäuserring 1906 (oben) und am 10. November 1938 (unten)

Beim Kramen in Zeitungsausschnitten, die ich mir zur Seite gelegt habe, finde ich einen, der unter dem Titel „Holocaust und Moderne" von einer Tagung berichtet, die in der Kleinen Synagoge hinter dem Rathaus stattfand. Das über die Ufermauer der Gera hinausragende, 1839/40 errichtete klassizistische Gebäude hat wie die Alte Synagoge hinter der „Feuerkugel" sein bauliches Überleben allein der Tatsache zu danken, daß es profaner Nutzung übereignet wurde. Als die Jüdische Gemeinde 1884 ihre Neue Synagoge am heutigen Juri-Gagarin-Ring weihte, verkaufte sie das Haus, das einen Betsaal, ein rituelles Bad sowie die Wohnung für den Synagogendiener beherbergte. Heute wird das frisch sanierte Gebäude als Begegnungsstätte genutzt. Anstelle der in der Pogromnacht des 9. November 1938 von den Nazis in Brand gesteckten Neuen Synagoge entstand schon in den Jahren 1951/52 abermals ein neues Haus, der einzige Neubau einer Synagoge in der DDR überhaupt.

Die oben genannte Tagung nun beschäftigte sich mit der Zukunft der Industriebrache „J. A. Topf & Söhne" unweit des Hauptbahnhofs am Sorbenweg, die in den letzten Jahren zu regen Diskussionen Anlaß gegeben hatte. In der Verfolgung eines im Sommer 1942 durch die Leitung des Konzentrationslagers Auschwitz ergangenen Auftrages meldete diese Firma noch unter dem 26. Oktober des Jahres ein Reichspatent für einen „kontinuierlich arbeitenden Leichen-Verbrennungsofen für Massenbetrieb" an. Bereits im Herbst 1943 lieferte sie die ersten Krematorien, die bald nicht nur in Auschwitz, sondern auch in Buchenwald, Dachau, Mauthausen, Gusen und Mogilew zum Einsatz kamen. Die Perfidität der offenbar weder durch moralischen Einspruch noch ein historisches Bewußtsein oder die Erfahrungen des Zweiten Weltkrieges zu beeindruckenden Technokratia wird besonders deutlich, wenn man liest, das die gleiche „Erfindung" 1953 nochmals bestätigt worden ist, und zwar im Patentamt der ins „Wirtschaftswunder" schlitternden Bundesrepublik Deutschland.

Man hatte sich die Frage vorgelegt, wie man mit einem solchen Ort umgehen sollte, an dem sich viel gepriesener Ingenieurgeist und auf handwerkliche Solidität gestützte Industriearbeit mit der freiwilligen oder unfreiwilligen Mittäterschaft an den Massenmorden des deutschen Nationalsozialismus schnitt. Und dieser Ort war ja „nur" einer, wenn auch ein signifikanter im Geflecht einer ganzen Volkswirtschaft, die Krieg und Vernichtung trug. Abseits üblicher Verdenkmalung, abseits von Beton oder Pädagogik wollte man Ideen suchen, das Bewußtsein für die in verschiedenster Gestalt ja nach wie vor lebendige Verquickung zwischen Alltag und Verbrechen am Beispiel dieses konkreten Falls zu schärfen – oder überhaupt erst zu wecken.

Was genau man in diesem Kontext unter dem Begriff „Moderne" verstanden hatte, war aus dem kurzen Bericht nicht zu erfahren. Um das Adjektiv „klassisch" erweitert und auf Kunst und Kultur verengt, wird er ja gern in unangreifbare Sphären gehoben, so daß die gewaltige und gewalttätige soziale und wirtschaftliche Bewegung, die dieses kulturelle Phänomen trug, kaum noch zu spüren ist.

Klassische Moderne und Erfurt, das ist ein Zusammenhang, der ein paar bedeutende Namen ins Gedächtnis ruft. Durch Maler wie Erich Heckel, Christian Rohlfs oder den Deutschamerikaner Lyonel Feininger hat Erfurt einen Ehrenplatz in der Kunstgeschichte des 20. Jahrhunderts erobert. Wenn man der mit schwarzer Tusche geschriebenen Datierung glauben darf, hat Feininger 1923 am 14. Dezember jenes wunderbare, der Materienschwere entrückte Aquarell zu Papier gebracht, das den Blick durch die Weitergasse auf den Chor der Barfüßerkirche öffnet und dessentwegen ich in letzter Zeit das Sträßlein im etwas arroganten Stolz des Wissenden mehrmals durchschritt. Kein weihnachtliches Accessoire und trotzdem Weihnachten, wenn auch ein ganz anderes als in der jetzigen Wirklichkeit. Denn das läßt sich länger nicht verheimlichen, daß es auch um die Erfurter Rumpelgasse herum unaufhaltsam und unabweisbar weihnachtet.

Auf bis dato unbeachteten Straßenlampen sitzen plötzlich palmen- und nadelbaumförmige Kunstgewächse. Edeltannen, die in Wirklichkeit Blaufichten sind, schmiegen sich an die grauen Betonpfeiler von Warenhäusern, von deren modernen Fassaden

Weihnachtsrapunzel ihre Reisigzöpfe herabgelassen haben. Den fast völlig entlaubten Akazien auf dem Fischmarkt ist ein lichtfunkelndes Haarnetz über die Kronen geworfen, indessen mein streichholzlanges Haupthaar langsilbrigen Zuwachs erhält, wenn ich frische Pfannkuchen kaufe. Die Stadt hat ihre freien Plätze mit Holzhäuschen gefüllt, die ihrerseits wiederum mit Back-, Holz-, Glas- und anderem Weihnachtswerk drapiert sind, indessen sich in den schmalen Gassen zwischen ihnen insbesondere an den Wochenenden überdurchschnittlich viele zipfelmützige Erfurter-Weihnachtsmarkt-Enthusiasten drängen, die sogar von Berlin her anreisen. Selbst einer der härtesten Rostbratwurst-Verkäufer hat Eiszapfen aus Pappe an den Giebel seiner ewig dampfenden Bude an der Schlösserbrücke genagelt und schenkt nun außer Büchsenbier Glühwein in pfandpflichtigen Henkeltassen aus. Dank der bunten Bildchen mit dem Weihnachtsmarkt (obligatorisches Riesenrad vor angestrahlten Türmen von Dom und St. Severi) auf diesen Tassen ist auch der zur Orientierungslosigkeit neigende Glühweinkonsument immer orientiert.

Eines Abends fuhren der Oberbürgermeister und der Weihnachtsmann mit dem Erfurter Weihnachtsexpress einfach durch das Menschengedränge vom Fischmarkt zum Domplatz, erklommen die Domstufen, auf denen ein Schulchor einige Weihnachtslieder sang, und eröffneten vermittels kurzer Reden den Weihnachtsmarkt, der nun herrscht. Man will es sich ja nicht eingestehen, aber der durch die anwesenden Menschen weitergeleiteten Rührung konnte auch ich mich nicht entziehen. Spätestens Freitag abend, wenn sie unten auf dem Fischmarkt wieder anfangen, mundgeblasene Musik zu machen, die selbst das geschlossene Fenster durchdringt, übermannt auch mich ein Stück dieser weihnachtlichen „Infektion". Dann rufe ich in Hildesheim, Berlin oder Bern an und halte den Telefonhörer zum Fenster hinaus. „Damit ihr auch etwas davon habt", sage ich und: „Bin ich nicht ein glücklicher Rumpelgassenbewohner?"

Das scheinbar Disparate, es besteht zusammen und im selben Moment, nicht nur in der Wirklichkeit, sondern auch im Kopf, wenigstens in meinem. Schon das Kinderspiel heißt ja nicht „Himmel oder Hölle", sondern „Himmel und Hölle". Die Verwandlung der dunkelsten Jahreszeit in ein Lichtmysterium, die Verwandlung Gottes in ein Menschenkind, die des – der Prophezeiung folgend – gekreuzigten jüdischen

Messias zum Gott der Christen, welche das jüdische Volk, das Volk ihres eigenen Gottes, in die Feueröfen von „J. A. Topf & Söhne" schickten. Die Verwandlung des Nachbarn zum Opfer, des Bruders zum Feind, des unschuldigen Broterwerbs zur Mitmörderschaft. Nicht Asche zu Asche, sondern Fleisch zu Asche. Die Verwandlung steinerner Mauern in Lichtarchitektur, leeren, ortlosen Raumes in spürbar Körperliches, wie das in den Bildern Feiningers geschieht, nicht als Täuschung, sondern als Sichtbarmachung einer innewohnenden Möglichkeit, als Virtualität. Gerade nämlich an den Rändern des Grauens erstrahlt die Vision gleich einer vibrierenden Korona um die von undurchdringlichen Schatten ausgelöschte Sonne.

1912 setzte die Stadt Erfurt mit Edwin Redslob den ersten hauptamtlichen Direktor für das 1886 gegründete, im ehemaligen kurmainzischen Pack- und Waagehof untergebrachte städtische Museum auf ihre Gehaltslisten. Der noch in der heutigen architektonischen Konkurrenz imposant wirkende, nach Entwürfen des Festungsbaumeisters Maximilian von Welsch Anfang des 18. Jahrhunderts erbaute barocke Kasten beherbergte damals nicht nur eine Gemäldegalerie, die sich um den Nachlaß des in Erfurt geborenen, spätromantischen Malers Friedrich Nerly gruppierte. Überdies hatten Sammlungen zu Geschichte und Altertumskunde der Stadt, der Ethnographie und der Naturkunde hinter seiner auffällig geschmückten und von allerlei Tugenden sowie der Statue eines heiligen Martin sanktionierten Fassade ihre aus den Nähten platzende Heimstatt gefunden. Von keinem Geringeren als dem im benachbarten Weimar als Direktor der dortigen Kunstgewerbeschule tätigen, zu den führenden Kräften der modernen europäischen Kunst und Architektur zählenden Henry van de Velde ließ man sich ein neues Museum entwerfen. Es sollte seinen Platz über dem Hauptbahnhof auf dem ehemaligen Gelände der Daberstedter Schanze finden und wäre ein Bild gewesen für ein den Realitäten der Welt weit enthobenes Zeitgefühl, das sich über das Symbol der prosperierenden Wirtschaft, die fahrende Maschine, und auf den eingeebneten Wällen vergessener Kriege seinen Musentempel als Krönung errichtet hätte.

Doch schon Anfang August 1914 transportierte diese fahrende Maschine auch Soldaten aus Erfurt durch die Heimat van de Veldes – das neutrale

Abb. 29

Abb. 28: Das 30. Jungsturm-Bataillon am 14. November 1915

Belgien – in die Schützengräben der Westfront, damit sie dort mit ihren Gewehren und Kanonen ein Zeitalter einschossen, das der Historiker Eric Hobsbawm als das des „totalen Krieges", als „das Zeitalter des Massakers" bezeichnet hat. Aufgerufen, „das entsetzliche Unheil eines Krieges" zu verhindern, hatten sich noch am 30. Juli etwa 3000 Menschen im „Tivoli" versammelt. Aber wie fast die gesamte Sozialdemokratie, so wollte auch der Referent des Abends bei aller Friedensliebe die Heimat nicht „Kosakenhorden" überlassen. Und am Tag der deutschen Kriegserklärung gegen Rußland schrieb das Gewerkschaftsorgan „Tribüne", daß die „‚vaterlandslosen Gesellen' […] ihre Pflicht erfüllen […] und sich darin von den ‚Patrioten' in keiner Weise übertreffen lassen" würden.

Tatsächlich schienen nicht nur Militärs des langen Friedens müde und genossen die Befreiung ihres in der Trägheit bürgerlichen Wohllebens geknebelten Chauvinismus. Auch Intellektuelle und Künstler begrüßten diesen Krieg als Chance, der als lastend und erstarrt empfundenen alten Welt zu entkommen, die sie in ihren Werken längst zu Grabe getragen hatten. „Aufgestanden ist er, welcher lange schlief", hatte Georg Heym in seinem visio-

nären Gedicht *Der Krieg* schon 1911 geschrieben. „[…] herrlichste Musik der Erde hieß uns Kugelregen", dichtete einer der bedeutendsten deutschen Expressionisten, Ernst Stadler. „[...] Vorwärts, in Blick und Blut die Schlacht, mit vorgehaltenem Zügel. / Vielleicht würden uns am Abend Siegesmärsche umstreichen, / Vielleicht lägen wir irgendwo ausgestreckt unter Leichen, / Aber vor dem Erraffen und vor dem Versinken / Würden unsere Augen sich an Welt und Sonne satt und glühend trinken." Der Professor für deutsche Philologie in Brüssel, der neben seinen Gedichten nicht zuletzt durch seine zahlreichen Übersetzungen aus dem Französischen bekannte Stadler, fiel als Reserveoffizier am 30. Oktober 1914 bei Ypern.

Während man die Kinderkrieger des 30. Jungsturm-Bataillons mit ihren naiven, gedrückten, stolzen, devoten, eitlen oder einfach nur verunsicherten, unfertigen Gesichtern und Körpern als künftiges Kanonenfutter am Erfurter Domplatz fotografierte, verschmähten ihre „Erzieher" – die geistige Elite der Stadt in Gestalt der Professoren Overmann und Biereye – einen „voreiligen Frieden" und forderten die „Verbesserung" der deutschen Grenzen im Westen und im Osten. Die für

Abb. 29: Das Angermuseum (um 1930)

den Krieg nicht unbedingt notwendigen Wirtschaftszweige schrumpften, aber die Zahl der Beschäftigten der „königlich-preußischen Gewehrfabrik" im Brühl stieg um das über 14fache auf knapp 20 000 im Jahr 1917. So torkelte die aus ihren Proportionen geratende Wirtschaft zwischen wachsenden Profiten in das Zuteilungsregime des „Kohlrübenwinters" 1916/17.

Doch wenngleich zum Beispiel der Vorstand des Sozialdemokratischen Vereins 1915 den 1. Mai als Demonstrationstag für Völkerfrieden und Abrüstung in das faule Wasser des vereinbarten „Burgfriedens" fallen ließ, meldeten sich innerhalb und außerhalb der etablierten Organisationen oppositionelle, mit der Dauer des Krieges und – nicht zuletzt unter dem Einfluß der revolutionären Ereignisse in Rußland – zunehmend radikalere Kräfte zu Wort. „Jede Genossin und jeder Genosse", so schrieb die „Tribüne" nun am 27. April 1917, „stelle sich wieder freudig in den Dienst der Befreiung der Arbeit und des Volkes aus den Klauen des Kapitalismus und aus

dem beschämenden Zustand der Rechtlosigkeit." Verlorener Krieg und Novemberrevolution schließlich führten zu einer politischen Polarisation in der eben durch Kaiserschnitt entbundenen deutschen Republik. Zwischen der von der politischen Rechten aufgebrachten und später von den Nazis gegen die Weimarer Republik mißbrauchten „Dolchstoßlegende" und dem von der Komintern gegen die Sozialdemokratie geprägten Kampfbegriff des „Sozialfaschismus" wurde sie zerrieben.

Zu einem in der Öffentlichkeit besonders wirksamen Feld politischer Auseinandersetzung entwickelte sich der Kulturbetrieb, der durch die neuen Massenmedien Fotografie, Film und Radio eine bis dahin unbekannte Popularität erlangte. Viele der Künstler hatten Krieg und Revolution politisiert. Nach dem Vorbild der Räte gründeten sich 1918 etwa der „Arbeitsrat für Kunst" oder die „Novembergruppe", die sich vor dem utopischen Horizont einer klassenlosen Gesellschaft für die Demokrati sierung des gesamten Kunstbetriebes einsetzten. Kaum ein berühmter Name der deutschen Avantgarde, der sich nicht in den Mitgliederlisten dieser Vereinigungen fand. Wie das Spitzdach in den Architekturdebatten der zwanziger und dreißiger Jahre von seiten der Modernen zum Stigma des Konservatismus degradiert wurde, suchten konservative Kritiker Vertreter der künstlerischen Moderne in den unsachlichen Attacken des Tagesgeschäftes zu diskreditieren, indem sie diese als bolschewistisch, jüdisch, homosexuell oder überhaupt als menschlich abartig diffamierten.

Was die Verfolgung der neuen Kunst betraf, so entwickelte in Erfurt ein Oberstleutnant a.D. namens Walter Corsep bemerkenswerte Aktivitäten. Der selbst künstlerisch ambitionierte malte noch 1937 ein Erfurt des ausgehenden 19. Jahrhunderts von biederer Idylle, um die er sich wohl bestohlen fühlte. In Entwürfen für Karikaturen und Plakate machte er deutlich, wer seiner Meinung nach für diesen Verlust verantwortlich war: Bolschewismus, Spartakus, Revolution, Sozialdemokraten, Kommunisten und nicht zuletzt das jüdische Kapital, in Erfurt in Gestalt der Schuhfabrik Hess. Gegen die Juden exponierte Corsep sich gar als „Dichter“, wenn er reimte: „Judengeld ist's, das den grossen / Weltenbrand hat entfacht zum Tosen. / Juden sind es, die ihn schürten, / Die von Engeland geschmierten“ undsoweiterundsofort.

Als der durch das Mitglied der Museumskommission Corsep bereits als unkritischer Propagandist „der über das Land brausenden expressionistischen Welle“ identifizierte Redslob seinen Direktorenposten Ende 1919 in Erfurt verließ und den Kunsthistoriker Walter Kaesbach aus Berlin als Nachfolger vorschlug, unternahm der unermüdliche Oberstleutnant alles, um das zu verhindern. Aufgrund eines offensichtlich tief sitzenden Hasses gegen die Moderne und ihre Repräsentanten lieh ihm selbst Wilhelm von Bode, Generaldirektor der Berliner Museen, seine Stimme. „Dr. Kaesbach“, so schrieb der alte Monarchist aus Berlin, „ist Spartakist schärfster Ordnung.“ Bode sprach Kaesbach, der unter dem Direktor der Berliner Nationalgalerie Ludwig Justi die Neue Abteilung, die „Galerie der Lebenden“, aufgebaut hatte, jede wissenschaftliche Leistung ab. Und da ihm das offenbar nicht genügte, lancierte er auch noch ein Gerücht über Kaesbachs angeblich widernatürliche sexuelle Neigungen nach Erfurt. Vor allem dank des beherzten

Oberbürgermeisters Dr. Bruno Mann, der persönlich nach Berlin reiste, um sich „bei diesem alten geifernden Mann“ von der Haltlosigkeit der Anschuldigungen zu überzeugen, wurde Kaesbach am 3. Februar 1920 schließlich doch von den Stadtverordneten zum Direktor gewählt. Unter Androhung eines Gerichtsverfahrens widerrief von Bode. Corsep wurde in Verfolgung einer 1924 von Bruno Mann eingereichten Klage wegen Beleidigung und übler Nachrede zu 400 Mark oder 40 Tagen Gefängnis verurteilt, wobei das Gericht „Querulantenwahn“ als mildernden Umstand in Rechnung stellte. Zu diesem Zeitpunkt aber war Kaesbach bereits Leiter der Düsseldorfer Kunstakademie. Auch war es nicht bei verbalen Angriffen gegen ihn und seine Erfurter Mitstreiter geblieben. „[…] dicke gemauerte Pfeiler umgebrochen, dazwischen das zersplitterte Holz des Gitterwerks – ein Bild der vollkommenen Devastierung, ganz über dem Bürgersteig liegend“, berichtete der September 1923 gerade in Erfurt weilende Feininger seiner Frau Julia nach Überfällen auf das Haus von Kaesbach sowie das des Schuhfabrikanten und Kunstmäzens Alfred Hess.

Daß die heutigen Besucher des Angermuseums das eindrücklichste Zeugnis von der kurzen, aber intensiven Arbeit Walter Kaesbachs in Erfurt durch die Ausstellung mittelalterlicher Kunst in der schwerblütigen barocken Gewölbehalle des Erdgeschosses vor Augen haben, illustriert auf seine Weise Zeitgeschichte. Die Sammlung, die der Kunsthistoriker 1922 in der bis dahin von Büroeinbauten blockierten Halle aufbaute, befindet sich fast noch in ihrer ursprünglichen Ordnung. Die bedeutenden gotischen Skulpturen, Altarbilder und Glasmalereien stellten das historische Pendant zur modernen Sammlung dar, die vor allem geprägt war durch Werke des Expressionismus, dessen historische Wurzelgründe u. a. in der Gotik lagen. Sinnhafte Perspektive, ausdrucksbetonte Verzeichnung des Körperlichen und Neigung zu Vergeistigung und Mystik waren offensichtliche Kongruenzen – dem heutigen Betrachter fällt es schwer, das vielfache Unverständnis der Zeitgenossen nachzuempfinden. Manche Empörung dürfte einfach nur Reflex auf zielgenaue Provokationen wie jene der Künstlergruppe „Jung-Erfurt-Stierpresse 1919“ gewesen sein, die mit ihrer *Flugschrift wider die Verkalkten* eine muntere Attacke gegen die brave Bürgerseele ritt. „Kraft“, so hatten sie im zeitgenössischen Pathos in ihrem Manifest *Aufgang. An die Freunde des*

Kommenden verkündet, „Kraft sei die Weihe unseres Werkes, aus der Erde soll uns unsere Kraft blühen, und Liebe allein soll uns treiben." Auch von Wahrheit, Zucht, von Hingabe oder von einem neuen geistigen Menschentum war die Rede – eine verbale Verblasenheit, die das dünne Seil ahnen ließ, auf dem eben nicht nur der ängstliche Durchschnittsbürger, sondern auch Kunst und Künstler zwischen den Kriegen ihren Auftritt hatten.

Von den in Erfurt Tätigen waren es der Bildhauer Hans Walther und eben die Künstler von „Jung-Erfurt", deren Arbeiten schon Redslob und bald auch Kaesbach einen Platz in ihren Ausstellungen einräumten. Walther hatte um 1920 ein paar gute Jahre, als er auf dem Rücken des Zeitgeistes kubisch-expressive Skulpturen wie ein Porträt von Christian Rohlfs oder das Grabmal für die Blumenzüchterfamilie Schmidt auf dem Hauptfriedhof

Abb. 86

schuf. Kaum ist zu glauben, daß es sich beim Schöpfer der nach 1925 bis Mitte der dreißiger Jahre entstandenen Figurenreliefs der Sparkasse am Anger, des AOK-Gebäudes in der Augutinerstraße oder der

Rücktitel

Stadt- und Kreissparkasse am Fischmarkt um den gleichen Bildhauer handelt, tritt doch neben viel langatmigem, unbewältigtem Klassizismus unvermutet der in der Zeit des Faschismus ausgeprägte Heldentypus.

Der Sparkassenbau am Anger ist auch als Architektur ein bezeichnendes Beispiel für das Hinüberwachsen aus der von Sachlichkeit und Funktionalität geprägten Moderne in den Heimatstil des Nationalsozialismus. So weit war dieser Weg nicht, zumal es in der Thüringer Metropole bezüglich moderner Architektur eher moderat zuging.

Wie an anderen Orten, lieferte auch in Erfurt der soziale Wohnungsbau die konsequentesten Ergebnisse. Selbst das Haus, das Walter Kaesbach für sich selbst ab 1922 in der Nerlystraße bauen ließ, ist ein merkwürdiger Wechselbalg zwischen Goethes Gartenhaus und dem „Musterhaus" des Weimarer Bauhauses, das 1923 in unmittelbarer Nähe des Klassiker-Refugiums am Rand des Ilmparks errichtet worden war.

Nein, so radikal, wie seine politischen Gegner ihn gern gehabt hätten, war Walter Kaesbach nicht, weder was seine Weltsicht noch was seine Anschauungen bezüglich der Kunst betraf. Seine Vorlieben galten denjenigen unter den expressionistischen Künstlern, die schon vor dem Ersten Weltkrieg die Grundlagen für ihr künstlerisches Werk entwickelt

hatten und nun bereits in die Phase einer gewissen Beruhigung und Klassizität eintraten.

Als Kaesbach zum Beispiel seinem langjährigen Freund Erich Heckel das Angebot unterbreitete, im Angermuseum einen Raum auszumalen, war der Künstler immerhin schon 39 Jahre alt. Und Heckel konnte auf ein Werk zurückblicken, das man bereits damals mit für die expressionistische Bewegung so untypischen Begriffen wie Liebenswürdigkeit, Feinsinnigkeit oder gar Anmut charakterisierte. Also entstand in dem kleinen Raum, der an die Sammlung mittelalterlicher Kunst angrenzt, in den zwei Jahren bis 1924 keines jener exaltierten expressionistischen Farben- und Formgewitter. Erfahrungen und Motive seiner eigenen künstlerischen Existenz aufnehmend, gestaltete Heckel unter dem später gewählten Titel „Lebensstufen" die schroffe, vom Geistigen geprägte „Welt des Mannes" und die warme, mitfühlende „Welt der Frau" als einander widerstrebend und bedingend, und zwar in einer naiven, auf die Realitäten weisenden, lauteren Direktheit. Es scheint ein Trotzdem zu sein gegen die fiebrige, von Inflation, Arbeitslosigkeit und politischen Unruhen geprägte Stimmung des Tages, das auch Feiningers und Rohlfs Erfurter Bilder bestimmen.

Abb. 78

„[...] jedenfalls ist es gut", schrieb Lyonel Feininger am 27. September 1923 aus Erfurt an seine Frau Julia, „dass ich jemanden habe, der Lust und Liebe zeigt, und mit mir die Arbeit an der Orgel ausprobieren will." Feininger hatte seit 1921 einige Fugen komponiert. Von September bis Dezember 1923 hatte „Kaes'" ihm ein Zimmer im Angermuseum zur Verfügung gestellt, damit er dort arbeiten konnte. Neben der Beschäftigung mit seiner Musik entstanden Skizzen von Michaeliskirche, Großer Arche und Allerheiligenkirche, Altem Hospital, den Studentenbursen am Kreuzsand und die wundervollen Aquarelle von der Barfüßer- und der Reglerkirche. Erst in den Jahren danach schuf Feininger zwei Gemälde, die den Blick durch die schmale Weitergasse auf den Ostchor der Barfüßerkirche verarbeiten. Als Hauptwerke des Künstlers befinden sie sich heute in der Staatsgalerie Stuttgart und im Walker Art Center in Minneapolis: von mystischem Licht erhellte, visionäre Kristallkompositionen aus Architektur und Atmosphäre, in denen die menschliche Figur nur mehr ein in unzeitliche Ferne gerücktes flüchtiges Moment darzustellen scheint.

Mit Werken Feiningers und Heckels hatte Kaesbach das Erfurter Publikum bald nach seinem

Dienstantritt bekannt gemacht. Dem Senior des deutschen Expressionismus, Christian Rohlfs, galt gar die erste Personalausstellung des neuen Direktors überhaupt. Von den 14 Temperablättern, die der 75jährige Rohlfs von Dom und St. Severi 1924 schuf, befinden sich immerhin noch drei in der Sammlung des Angermuseums, das außerdem einige Gemälde seines impressionistischen Frühwerkes besitzt. Trotz aller Wandlung ist Rohlfs seinem lebenslangen Thema – der Beziehung zwischen Licht und Körper – auch in seinen Erfurter Arbeiten treu geblieben. Sie offenbaren damit in eindrücklicher Weise die Verwandtschaft zu den Werken Feiningers.

Parallel zu den Ausstellungen zeitgenössischer Kunst organisierte Kaesbach zahlreiche Vorträge auswärtiger Kapazitäten wie Ludwig Justi, Richard Hamann, Wilhelm Pinder, Max Sauerlandt oder Walter Gropius, der im Frühjahr 1923 über die damals auch in den Kreisen des Weimarer Bauhauses umstrittene „Mitarbeit des Künstlers in Technik und Wirtschaft" referierte. Überdies fanden literarische Lesungen und Aufführungen moderner Musik wie beispielsweise der Stefan-George-Lieder Arnold Schönbergs statt. Konkret versuchte man, vergleichbare Intentionen von Bildkunst, Musik, Literatur und wirtschaftlicher Entwicklung aufzuzeigen und damit dem Publikum in ihrer Komplexität verständlicher zu machen.

Vieles von dem, was Walter Kaesbach, sein Vorgänger Edwin Redslob und der Kaesbach nachfolgende Herbert Kunze in Sachen moderner Kunst in der thüringischen Metropole zwischen Weimar und Jena auf die Beine stellten, wäre ohne den bereits oben erwähnten Schuhfabrikaten Alfred Hess nicht möglich gewesen. Das betraf vor allem die moderne Sammlung des Hauses, die als vorbildlich galt. Um zu begreifen, „was man in Berlin zu sammeln hätte", so äußerte sich schon früh der Direktor des reichshauptstädtischen Kupferstichkabinetts, Curt Glaser, „müsse man nach Erfurt" gehen.

Die Aktivitäten des Mitbesitzers der „M. & L. Hess Schuhfabrik A.G.", die knapp 2000 Leute beschäftigte, erschöpften sich keineswegs in einem selbstgefälligen Sponsorentum, dem es unter den schußbereiten Kameras einer immer wachen Öffentlichkeit gefällt, vor der Kulisse teuer arrangierter Kunst-Trophäen Schecks zu unterschreiben. Wie viele der Künstler, die er förderte, war der einst monarchiebegeisterte Jude als überzeugter Demokrat aus den „Stahlgewittern" des Ersten Weltkrieges nach Hause gekommen und versuchte nun, seine neu gewonnenen Überzeugungen auch tatsächlich zu leben. Neben seinem Engagement im Stadtparlament und dem Einsatz für die Verbesserung der sozialen Lage seiner Beschäftigten hatte er gemeinsam mit seiner Frau Thekla die moderne Kunst für sich entdeckt und lud seit 1919 Künstler in seine neoklassizistische Villa in der Hohenzollernstraße, heute Alfred-Hess-Straße. Analog zu Reichardts „Herberge der Romantik" in Halle an der Saale hätte das gastliche Heim der „Hessens" seinerzeit eine „Herberge der Moderne" heißen können. „Gestern nachm. bei Hessens", schrieb Feininger, einer der „Stammgäste", an seine Frau Julia, „sehr gemütlich und liebherrliches Sonnenwetter – auf der Veranda gesessen, gesonnt, Kaffee getrunken – mit Frau Thekla – und dann kam der gute Hess."

Während sich die Gästebücher – Kunstbücher und Dokumente in einem – nach und nach mit den bedeutendsten Namen des zeitgenössischen deutschen Kunstbetriebs füllten – neben Malern und Bildhauern Kunsthistoriker, Sammler, Dichter, Musiker und Studenten –, verwandelte sich auch das Haus. „Es gab das Marc-Zimmer, mit gelben Wänden und blauer Decke, das Nauen-Zimmer, mit großen, für den Raum entworfenen Bildern, und das Kirchner-Zimmer. In der Halle hingen Werke von Nolde, Schmidt-Rottluff, Pechstein, Otto Mueller, im Herrenzimmer Feininger." So beschrieb später Hans Hess das Haus seiner Eltern. Als „die wohl beste Sammlung der deutschen Expressionisten" rühmte Edwin Redslob die Kollektion des Erfurter Mäzens, zu deren künstlerischen Gewicht er selbst ebenso wie Kaesbach und Kunze als maßgebliche Berater, als „Trüffelschweine", einen kaum zu unterschätzenden Anteil beitrugen. Von Anfang an nämlich war „Hessens" Sammlung durch testamentarische Verfügung dem Städtischen Museum zugedacht und sollte die dortigen Bestände ergänzen. Als der gerade einmal 52 Jahre alte Alfred Hess 1931 starb, belief sich die kostbare Frucht seiner Sammlerleidenschaft auf etwa 4000 grafische Blätter, 200 Zeichnungen und Aquarelle sowie 80 Gemälde; „ein Stück deutsche Kunstgeschichte", von dem Hess schon 1927 einen Teil als Leihgabe ins Museum gegeben hatte.

Nun aber standen die Zeichen schlecht. Bereits 1930 war in unmittelbarer Nachbarschaft, in Weimar, durch den thüringischen NSDAP-Vorsitzenden und frisch gekürten Innen- sowie Volksbildungsminister Frick die moderne Abteilung des dortigen Museums in die Magazine verbannt worden. Einige der abgehängten Bilder, denen Kunze eine geliehene Öffentlichkeit in Erfurt zu erhalten hoffte, ächtete die Mitteldeutsche Zeitung als „Mist aus Weimar". Drei Jahre später bereits konnte das gleiche Blatt das „Großreinemachen" im Angermuseum feiern. „Wo sind sie geblieben, die Chaotiker und Farbenklekser jener Kunst, die von Redslob und Kaesbach als die alleinseligmachende gepriesen wurde?"

Ende März hatte der lange auf die Vernunft der neuen Machthaber setzende Herbert Kunze die moderne Abteilung schließen müssen. Um die Sammlung zu bewahren, wollte er sogar Mitglied der NSDAP werden. Ihn als einen „der bekanntesten Vertreter der jüdisch-bolschewistischen Richtung" bezeichnend, lehnte die Partei dankend ab. Zum 1. Oktober 1937 schließlich sprach man ihm die Kündigung aus. „Sie haben sich", so wurde ihm auf einen seiner Einsprüche hin beschieden, „durch die Förderung der entarteten Kunst so schwer belastet, daß einem Nationalsozialisten nicht zugemutet werden kann, mit Ihnen über Angelegenheiten der Kunst zu verhandeln."

Da war die Beschlagnahme von etwa 800 Werken dieser „entarteten Kunst" auch in Erfurt schon über die nun braunschwarze Bühne gegangen. Weniges davon hat seinen Weg zurück ins Angermuseum gefunden, das heute in den bereits modernisierten Teilen seine Kunst durch eine zusätzliche, von innen her eingefügte Betonwand schützt. Nur noch schießschartenartige Schlitze zeigen Außenwände und die barocken Fensterreihen der Fassade an. Und „Hessens" Sammlung? – Nach der Flucht der Familie in alle Welt verstreut. Allein was im Vokabular der vom faschistischen Geist infizierten Presse die „Schreckenskammer" hieß, ein „peinliches Zeugnis", eine „gruselige Erinnerung an schauerliche Verirrungen", das hat, wenn auch nicht schadlos, überdauert. Magdalena Rudolph, die Nachfolgerin und spätere Frau von Herbert Kunze, hat den Raum mit den Malereien Erich Heckels schließen und einen gotischen Engel davor postieren lassen. Als Wächter für den Bruder im Geist bewahrte der ein Stück wachen künstlerischen Bewußtseins seiner Zeit, das eigentlich der Auslöschung geweiht war.

Sich gegenseitig ihre Hände oder den jeweils anderen Stock des mitgebrachten Transparents reichend, bildeten am Vormittag des 10. Dezember 1989 trotz frostiger Temperaturen etwa 6000 Erfurter eine Menschenkette um ihre Altstadt. Aus den tiefen Rinnen eingefahrener Sprachgeleise heraus nannten sie das einen „Bürgerwall" oder gar einen „menschlichen Schutzwall". Dabei erwies sich dieser Kreis aus Händen, Armen, Schultern und Köpfen als ein sehr fragiles, rasch wieder zerbrechendes Gebilde. Zu einem Teil mochte es ja auch der unbewußte Versuch gewesen sein, der in diesen umstürzlerischen Spätherbsttagen erfahrenen Vision einer vertraulichen Gemeinschaft in der magischen Form des Kreises noch einmal eine Gestalt, ein Bild zu geben, ehe sie in den unausweichlichen Wahl- und Verteilungskämpfen der neuen, alten Gesellschaft zerstieben würde. Und meinte man mit dem Denkmal-Zeichen, das viele an ihre Jacken und Mäntel

gehäftet hatten, nicht auch ein wenig sich selbst, das eigene, zuweilen schon schmerzlich spürbar aus der gewohnten Bahn treibende Leben?

Eines der Phänomene der zusammenbrechenden DDR war, daß sich der Widerstand der Bürgerbewegung gegen das System an vielen Orten im Kampf um die Erhaltung historischer Bausubstanz etablierte. Bereits 1987 hatte es in der Michaeliskirche eine Ausstellung gegeben, welche die kaum bekannten, geschweige denn öffentlich diskutierten Pläne der „Neugestaltung" der Erfurter Altstadt kritisch reflektierte. Neben dem drohenden Verlust vieler einzelner, historisch wertvoller Gebäude war vor allem der Abriß des bereits durch zahlreiche verlassene Häuser langsam zum „Gespensterquartier" sich entwickelnden Viertels um die Andreaskirche zu fürchten. Nach dem Willen der Planer sollte dort eine Autostraße den Verkehrsring um die Altstadt komplettieren.

Daß sich dieser vierspurige Ring nicht schloß, sondern das Andreasviertel als ein kleinstädtisches Wohnquartier am Rande der historischen Altstadt wieder Einwohner und mit ihnen ein Gesicht zurückgewann, das war sicher ein Grund, weswegen man in Erfurt nach zehn Jahren deutscher Einheit vor allem „10 Jahre Stadterneuerung" mit einer Ausstellung im gerade neu bedachten „Collegium maius" resümierte. Manches der schon dem Verschwinden geweihten kleinen Häuser machte die Zeit wie in einem in verkehrter Richtung laufenden Film gleichsam rückwärts gehen, indem es sich wieder in seine ursprüngliche Gestalt zusammenzusetzen schien.

Abb. 47, 48

Natürlich hat auch Erfurt seine „Montagsdemo" gehabt. Hier war es allerdings eine „Donnerstagsdemonstration", die erste am 26. Oktober 1989, die letzte am 15. Februar 1990, einen Monat vor den zugleich ersten und letzten freien Wahlen zur Volkskammer der DDR und ein paar Tage, bevor politische Schwerstgewichte wie der damalige Bundeskanzler Helmut Kohl oder sein Außenminister Hans-Dietrich Genscher in Wochenabstand in der „Bütt" des Domplatzes parlierten. Doch ehe die Grenzöffnung des 9. November einen Großteil der Kampf- in Kaufkraft verwandelte, waren es

*Abb. 30: „Bürgerwall" für die Erfurter Altstadt,
10. Dezember 1989*

immerhin 30 000, die in Erfurt auf die Straße gingen. Um die Vernichtung von Akten zu verhindern, kam es auf Initiative von Frauen am 4. Dezember zur ersten Besetzung einer Bezirksverwaltung der Staatssicherheit in der DDR überhaupt, und am 10., wie erwähnt, umschlossen die Erfurter, als sichtbarstes Zeichen ihrer selbst, ihrer eigenen Identität, die alte Stadt mit ihren Händen.

Das schon im Januar unter anderem durch unbürokratische Hilfen aus Hessen und Rheinland-Pfalz in Gang kommende „Thüringer Notsicherungsprogramm" rettete ohne Ansehen der Eigentumsverhältnisse allein über 300 Häuser der Erfurter Innenstadt. Die grundsätzliche Entscheidung der Stadt für das Primat der Sanierung des Überkommenen hat dann einer „düsteren, zerfallenden Altstadt", einem „Erfurt der Vernachlässigung und Verwahrlosung", jenen belebenden Atem eingeblasen, den man heute nicht nur in den Straßen oder Gassen zwischen Domplatz und Wenigemarkt, Pergamentergasse und Anger, sondern auch in der Krämpfervorstadt oder auf dem Petersberg zu spüren beginnt.

Tatsächlich ist die Sanierung der ostdeutschen Städte, die seit dem Jahr 1990 in einem zuweilen rasanten Tempo stattgefunden hat, das sichtbarste und vielleicht sogar das respektabelste, zugleich aber das irritierendste Bild für die neuere deutsche Einheit. Die Brachen der „volkseigenen" Großindustrien, die Statistiken der Arbeitsämter, die vor den Städten lagernden Industrie- und Gewerbeparks oder die zuweilen als überaus problematisch eingeschätzte politische Qualifikation „unserer" Menschen, all das läßt sich nicht annähernd so glücklich vorführen.

Zum einen hatten ideologische Verblendung und mangelnde Wirtschaftskraft der DDR nicht nur vieles dem Verfall preisgegeben, sondern damit – freilich ohne Absicht – einer späteren Rettung aufgespart. Zum anderen hatten im Westen wie im Osten viele Stadtplaner, Sanierer, Restauratoren und nicht zuletzt die in diesen „alten" Städten lebenden und wirtschaftenden Bürger sowie viele Unternehmen begriffen, worin sie eigentlich lebten. Die Altstadt Erfurts – so steht es lapidar im Begleitheft zur oben genannten Ausstellung im „Collegium maius" – ist „eines der größten Flächendenkmale mittelalterlicher Stadtbaukunst in Deutschland" und besitzt neben knapp 30 bedeutsamen historischen Ensembles über 500 erhaltenswerte Einzeldenkmale. Doch

weit mehr als jenes immer wieder zitierte „offene Buch der Geschichte" ist sie das über Jahrhunderte angereicherte Sediment des vergangenen, aber in seinen Hinterlassenschaften immer noch anwesenden Lebens selbst, ein „Speicher", eine „Batterie", aus der wir eine der vermeintlichen Gewißheiten unserer fortdauernden Existenz saugen.

Über die Art und Weise freilich, wie diese „Batterie" gewartet und aufgeladen werden soll, ist uns heute beinahe jede instinktive Sicherheit abhanden gekommen. Zerstörung um des bloßen Profits willen und geistlose Fertigteilarchitektur von der Stange stehen dem sogenannten „Wiederaufbau" und der schwer verständlichen Ablehnung zeitgenössischen Bauens an den Häuserflanken des Mittelalters scheinbar unversöhnlich gegenüber. Für jede Nuance dazwischen gibt es in Erfurt Beispiele. Und während etwa am Benediktplatz der Streit um eine Glasfassade entbrannte, verschwand die Ruine des von den Bomben des Zweiten Weltkrieges zerstörten, doch längst schon selbst als ein Monument Erfurter Geschichte angenommenen „Collegium maius" in seinen „wiedererbauten" Mauern. Janusköpfig tilgt also auch die Erneuerung die vielleicht unbemerkt längst zur eigentlichen Haut gewordene Narbe, und die Identität einer von Putzrissen geäderten Hauswand verschwindet unter der mit frischer Farbe getränkten Malerrolle.

Neulich stand ich im Weihnachtsgewühl der Marktstraße und fragte mich, ob es die DDR überhaupt gegeben habe, denn außer meiner Frage und meinen eigenen, mir bis dahin relativ sicher geglaubten Erinnerungen schien in diesem Moment und an diesem Ort nichts darauf hinzudeuten. Gab es hier auch nur ein einziges markantes Gebäude, einen Platz, eine signifikante architektonische Situation, die ich ohne Wissen um die Hintergründe, einfach nur aus der Anschauung heraus, als ein typisches Produkt dieser vierzig Jahre erkennen konnte? Das gequält wirkende Kuriosum der an den historischen Bestand angepaßten Plattenbauweise am Johannesturm? Was sich am Hirschgarten bedrohlich in die alte Stadt geschoben hat, sie im offenen Ring umlagert, am Roten Berg, am Moskauer Platz oder in Melchendorf gebaut worden war, das stellte doch nichts anderes dar als eine spartanische, auf edle Proportionierung weitestgehend verzichtende Verzweigung der internationalen Moderne, eben tatsächlich eine Art säkularer Bettelordenarchitektur. Wenn man die entwaffnende Nüchternheit, mit der diese einander addierten Unterbringunsquader ihren Zweck offenbaren, nicht als eine besondere Qualität begreifen wollte, so könnten sie beinahe am jedem Ort der Welt stehen.

Es war einer meiner letzten Abende in der Rumpelgasse, als ich mit solchen und ähnlichen Gedanken von der Marktstraße auf den Fischmarkt bog, wo eine Bläsergruppe gerade wieder ihre glänzenden Instrumente an die Lippen hob, um ein deutsches Weihnachtslied zu spielen. Ich glaube, sie kamen aus Rußland.

Es herrschte noch lange Bewegung auf dem Platz, und irgendwann in der Nacht wachte ich auf, weil jemand, der eine Stimme wie Götz George besaß, unten in der Gasse mit seiner Freundin in Mainz telefonierte. Sehr laut und sehr lange hatte er ihr zu erklären, daß er sie „natürlich" liebe. Aber er könne den Osten – „Du hast ja keine Ahnung, was hier los ist!" – beim besten Willen nicht in der Dauer eines vierwöchigen Toskanaurlaubes sanieren. Dann schien er sie doch beruhigt zu haben – „Küßchen, hörst Du? Küßchen!" – und es wurde still, so still, daß ich glaubte, den Schnee zu hören, der draußen auf das Pflaster fiel und die Stille noch vergrößerte.

Im Traum dann sah ich den Fischmarkt weiß und leer geräumt, bis auf die kanellierte Säule mit der Figur des römischen Kriegers, auf der jedoch wie vordem ein Pferd stand, darauf der Heilige Martin, seinen Mantel wieder und wieder mit seinem Schwert zerschneidend. Teilte er nun den Mantel mit dem Bettler oder schnitt er sich von dem los, der ihn offenbar vom Pferd zu ziehen drohte? Wie gesagt, der Platz war ganz weiß, mit Schnee bedeckt, der mir, während ich ging, weich und leise quietschend um die Knöchel spielte.

Plötzlich öffnete sich das Küchenfenster eines Restaurants am Platz, und es erklang eine dieser ita-

lienischen Radio-Arien, bei denen man immer in ein riesiges Dekolleté zu blicken glaubt. Ich aber sah auf die geschlossenen, ja, großen Augen der blonden Kellnerin, die mich letztens im „Fellini" bedient hatte. Sie trug eine kleine schwarze Fliege am Kragen ihres Männerhemdes, und ihre weiße, offenbar kräftig gestärkte Kellnerschürze stak wie ein steifer Zylinder im Schnee, so daß es mich verblüffte, wie sie sich und mich plötzlich zu drehen begann. Du mußt bei Sinnen bleiben, sagte ich mir, und versuchte mich mit den Augen an den vorbeirauschenden Fassaden festzuhalten: der Pfeilerreihe des Rathauses, dem „Gildehaus", das der in Blankenburg geborene „Gräflich Stolbergische Baurat" Carl Frühling neben das „Haus zum Breiten Herd" gesetzt hatte, dessen Bilder nun ebenfalls in Bewegung gerieten. Da waren ja die fünf Sinne, an denen ich mich festhalten wollte, diese immergleichen Frauen, die sich nun erhoben und mir zuwinkten, indessen die Fensterreihen immer rascher vorbeisausten! Mars und Jupiter, Sonne und Venus, Merkur und Mond sowie die musikalischen Putten Euterpe und Klio, Thalia und Erato, Polinnia, Melpomene und Terpsichore und sogar die geographiebegabte Urania, die eigentlich zu beiden Seiten des irgendwie grinsenden „Roten Ochsen" aufgestellt waren, vermischten sich mit den „Sparern", die über dem Eingang der Sparkasse hingen, gehangen hatten. Und statt der schwarzen Pupillen erschienen jene kleinen, roten Rädchen von den Brausepulvertütchen von „Rotplompe" in den sich jetzt öffnenden Augen meiner Partnerin. „Das ist aber doch etwas übertrieben," sagte nun eine Stimme hinter mir. „Wer, denkst du, wird dir diesen Traum glauben?" Kein Mensch, dachte ich, und versuchte den Traum im Traum so gut es ging rückwärts zu drehen, bis zum Schnee an den Knöcheln. Den ließ ich weiter fallen.

Abb. 57, 59, 60

531

Das Königreich der Thüringer wird durch die Franken zerschlagen.

7./8. Jh.

Slawische Stämme dringen bis in das Erfurter Gebiet vor.

742

Missionsbischof Bonifatius bittet Papst Zacharias II., „Erphesfurt" als Bischofssitz zu bestätigen. Es existierten vermutlich neben dem Ort selbst bereits geistliche Niederlassungen auf Dom- und Petersberg.

802

Eine in diesem Jahr ausgefertigte Urkunde besagt, daß sich in Erfurt auch ein Königshof befand. Karl der Große läßt das „Lex Thuringorum", das Volksrecht der Thüringer, beraten und aufzeichnen.

805

Erfurt („erpisfurt") wird im Diedenhofer Kapitular Karls des Großen als Grenzhandelsort erwähnt.

852

Ludwig der Deutsche, der Herrscher des ostfränkischen Reiches, hält in Erfurt einen Hoftag ab.

932

Unter Anwesenheit König Heinrich I. findet in Erfurt eine Synode statt.

936

Auf dem Hoftag kurz vor seinem Tod bestimmt Heinrich I. seinen Sohn Otto als seinen Nachfolger.

973/74/75

Anwesenheit Otto II. in Erfurt belegt.

1025

Der Erzbischof von Mainz läßt in Erfurt Geld prägen.

1066

Erwähnung einer ersten Stadtmauer.

1080

Weil der Erzbischof von Mainz sich dem Gegenkönig Rudolf von Rheinfelden anschließt und ihm Erfurt als Stützpunkt zur Verfügung stellt, wird die Stadt von Heinrich IV. erobert und in Brand gesetzt.

1108

Die Lehmannbrücke (Liepwinisbrucca) wird erstmals erwähnt, 1117 die Krämerbrücke. Sie dürften beide bereits um 1000 bestanden haben.

1117

Der heutige Dom wird erstmals als „maior ecclesia", als Hauptkirche der Region erwähnt.

1123

Aufstand thüringischer Bauern gegen die Zehntforderung des Mainzer Erzbischofs Adalbert I.

nach 1136

Baubeginn der Schottenkirche durch iro-schottische Mönche.

1154

Der Neubau des Domes wird begonnen.

1181

Auf dem Reichstag zu Erfurt muß sich Heinrich der Löwe Kaiser Friedrich I. unterwerfen.

1196

Erfurt wird in einer Urkunde als „civitas", als Stadt bezeichnet. Eine formelle Stadtrechtsverleihung ist nicht überliefert.

1203

Erzbischof Siegfried II. beklagt sich darüber, daß ihm die Erfurter Bürger seine Rechte geschmälert hätten.

um 1222

Ebernand von Erfurt schreibt seine Dichtung *Heinrich und Kunigunde*.

1229

Der Bettelorden der Dominikaner gründet ein Kloster in der Stadt.

1243

Der städtische Rat stellt Urkunden ohne Beteiligung erzbischöflicher Beamter aus. Streben nach dem Status einer Reichsstadt.

1248/49

Wollweber, Hutmacher, Schmiede und einige andere Gewerke tauchen als organisierte Zünfte in der Überlieferung auf.

um 1250

Erste Nachrichten über den Anbau von und den Handel mit Waid.

1255

14 Ratsherren, an deren Spitze zwei Ratsmeister stehen, leiten die Geschäfte der Stadt.

1269

Erfurt erwirbt das Dorf Stotternheim. Es ist die erste zahlreicher Landerwerbungen, durch die die Stadt u. a. auch in die Rolle eines Lehnsherrn gerät.

1281/83

Nikolaus von Bibra beschreibt in seinem *Occultus Erfordensis* die Auseinandersetzungen zwischen Erzbischof und Stadt.

1283

Aufstand gegen das herrschende Patriziat.

1289/90

König Rudolf von Habsburg hält über zehn Monate Hof in Erfurt.

1294/98

Der Dominikanermönch Meister Eckart hält seine ersten deutschen Predigten.

1304

Begründung des Dreistädtebundes zwischen Nordhausen, Mühlhausen und Erfurt durch einen gemeinsamen Waffengang.

1306

In 42 Statuten wird das Erfurter Stadtrecht erstmals schriftlich niedergelegt.

1309/10

Innerstädtische Auseinandersetzung zwischen Rat und Bürgern. Einführung der Vierherren als gewählte Vertreter der Gemeinde.

1342

Die Melioration des Brühls befördert den Gemüseanbau.

1349

Etwa 100 Juden finden während eines Pogroms den Tod.

1350/51

Die Pest wütet und fordert Tausende Menschenleben.

1354

Für 3000 Silbermark kauft die Stadt vom Mainzer Erzbischof das Münzregal, eines der letzten der ihm verbliebenen Rechte.

1392

Eröffnung der Universität Erfurt.

1430

Erfurt tritt gemeinsam mit Mühlhausen und Nordhausen dem Goslarer Bund von Hansestädten bei.

1453/54

Alle Erfurter Juden werden aus der Stadt ausgewiesen.

um 1470

Erfurt besitzt ca. 100 Dörfer, Burgen und Vorwerke in seiner Umgebung.

1472

Ein Großbrand vernichtet mehr als die Hälfte der Stadt.

1473

Im „Haus zum roten Stern" in der Allerheiligenstraße entsteht der älteste Druck Erfurts, ein Ablaßbrief von Papst Sixtus IV.

um 1480

Fertigstellung der zwei sich um die Stadt ziehenden Mauerringe. Kaiser Friedrich III. erteilt die Erlaubnis zum Bau der Cyriaksburg.

1483

In den Verträgen von Amorbach und Weimar muß Erfurt die Landeshoheit des Mainzer Erzbischofs und die Schutzherrschaft des Hauses Wettin anerkennen.

um 1500

Um Nikolaus Marschalk bildet sich ein erster Kreis von Humanisten.

1501/05

Martin Luther studiert an der Erfurter Universität und tritt nach einem „Bekehrungserlebnis" ins Kloster der Augustiner-Eremiten ein.

1509/10

Das „Tolle Jahr" von Erfurt. Innerstädtische Auseinandersetzung aus Anlaß der öffentlich werdenden hohen Verschuldung Erfurts.

1511

Knapp 4 Prozent der steuerpflichtigen Bürger Erfurts besitzen knapp die Hälfte des allgemeinen Vermögens. Insgesamt zählt die Stadt etwa 16 000 Einwohner.

1513

Georg Faust, die Vorbildfigur für das 1587 erscheinende Volksbuch, taucht in Erfurt auf.

1515/17

Die im Erfurter Humanistenkreis um Mutianus Rufus entstandenen *Dunkelmännerbriefe* erscheinen.

1516

Eobanus Hessus übernimmt die Führung des Erfurter Humanistenkreises.

1521

Martin Luther predigt auf seiner Durchreise zum Wormser Reichstag öffentlich in der Kirche seines Ordens.

1525

Bauern aus der Umgebung plündern mainzischen Besitz in der Stadt. Verabschiedung der von Luther mißbilligten „28 Artikel". Vier Bauernführer werden im Steiger enthauptet.

1528

Der Rat bekennt sich zur strengen Neutralität bezüglich der Religionsfrage.

1530

„Hammelburger Vertrag". In Verhandlungen mit dem Erzbischof von Mainz kommt es zur Restitution seiner weltlichen Rechte. Sanktion des Nebeneinanders von altem und neuem Glauben.

1561

Eröffnung des evangelischen Ratsgymnasiums.

1569

Etwa 1,5 % der steuerpflichtigen Bürger Erfurts verfügen über cirka 37 % des gesamten Vermögens.

1615

Der katholische Orden der Jesuiten bezieht das Reglerkloster und gründet 1618 ein eigenes Kolleg.

1618

Religionsvereinbarung zwischen Erfurt und Kurmainz. Beginn des Dreißigjährigen Krieges.

1631

Am 2. Oktober zieht König Gustav II. Adolf von Schweden in Erfurt ein.

1632

Der schwedische König überträgt die erzbischöflichen Rechte Rat und Bürgerschaft der Stadt Erfurt, die sie drei Jahre später wieder verliert.

1650

Ein Restitutionsrezeß bestätigt die erzbischöflichen Rechte.

1664

Erfurt kapituliert vor den die 1663 ausgesprochene Reichsacht exekutierenden Truppen des Mainzer Erzbischofs und wird wieder fest in das Kurfürstentum Mainz eingegliedert.

1665

Kursachsen erkennt die uneingeschränkte Herrschaft des Kurfürstentums Mainz über Erfurt an. Grundsteinlegung einer neuen Festung auf dem Petersberg.

1682/83

Die Pest fordert über 9000 Menschenleben. 1683 hat Erfurt nur noch etwa 7000 Einwohner.

1687/90

Der Komponist Johann Pachelbel wirkt als Organist an der Predigerkirche.

1691

Der Pietist August Hermann Francke wird unter dem Druck des protestantischen Klerus aus Erfurt vertrieben.

um 1705

Erfurt zählt 439 wüste Hofstätten.

1707/27

Zweiter Bauabschnitt der Petersbergfestung.

1711/20

Bau der kurmainzischen Statthalterei, heute Staatskanzlei, in der Regierungsstraße.

1716/18

Gründung der Erfurter Fayencemanufaktur.

1736

Ein Brand zwischen Domplatz, Rathaus und Predigerkirche vernichtet 188 Wohnhäuser.

1749

Nur noch in drei Erfurter Dörfern wird Waid angebaut.

1750

Johann Christian Reichart erzielt mit dem Verkauf von Brunnenkresse Einnahmen von 12 000 Talern.

1754

Gründung der „Churmainzischen Akademie nützlicher Wissenschaften", zu deren Mitgliedern später auch Goethe, Schiller und die Brüder Humboldt gehören werden.

1755

Johann Wilhelm Baumer eröffnet ein „clinicum", das zweitälteste poliklinische Institut in Deutschland.

1756

Einrichtung eines Botanischen Gartens.

1756/63

Während des Siebenjährigen Krieges wird die Stadt achtmal von preußischen Truppen besetzt.

1765

In Erfurt arbeiten über 20 Manufakturen.

1768/71

Der radikale Aufklärer Karl Friedrich Bardt lehrt an der Erfurter Universität.

1769/72

Christoph Martin Wieland ist Professor für Philosophie.

1780

Einführung des Schulzwanges.

1782

Die von dem Statthalter von Dalberg initiierte „Commercien-Deputation" trägt wesentlich zur Wirtschaftsförderung bei.

1791

Während eines längeren Aufenthaltes in Erfurt schreibt Friedrich Schiller den „Wallenstein".

1792

In 3149 Wohnhäusern leben 16 896 Menschen.

1792/93

Jakobinerclub in Mainz. Gründung und Niederschlagung der Mainzer Republik.

1793

Der Chemiker Johann Bartholomäus Trommsdorff gibt das „Journal der Pharmacie für Ärzte, Apotheker und Chemiker" heraus. Es ist die erste pharmazeutische Zeitschrift. Sie erscheint bis 1834.

1798

Etablierung einer Handelsschule und eines kaufmännischen Institutes.

1802

Zum Ausgleich für die an die Franzosen verlorenen linksrheinischen Gebiete erhält Preußen u. a. Erfurt.

1803

Erfurt, Nordhausen, Mühlhausen, das Eichsfeld und die Grafschaft Hohenstein werden zu einem preußischen Verwaltungsbezirk vereinigt. Sitz der obersten Behörde wird Heiligenstadt.

1806/13

Nach kampfloser Kapitulation französische Besatzung.

1807

Napoleon erklärt Erfurt mit Blankenhain zur kaiserlichen Domäne, zu seinem persönlichen Besitz.

1808

Erfurter Fürstenkongreß. Napoleon trifft Zar Alexander I. und empfängt Goethe und Wieland.

1813

Die Aushebung von 1000 Erfurtern zum Dienst in der napoleonischen Armee löst eine Revolte aus, die jedoch niedergeschlagen werden kann.

1814

Am 6. Januar marschieren Truppen der Befreiungsarmee in Erfurt ein.

1815

Wiener Kongreß. Erfurt geht wieder an Preußen. In der Stadt, die mit der preußischen Provinz Sachsen verbunden ist, wird die Regierung des preußischen Regierungsbezirkes Erfurt etabliert.

1815/36

Erfurt wird zur „Festung I. Ranges" ausgebaut.

1816

Aufhebung der Universität (zuletzt unterrichteten 27 Professoren 14 Studenten).

1830

Die Stadt hat 23 486 Einwohner (ohne Militär).

1847

Eröffnung der über Erfurt führenden „Thüringischen Eisenbahn".

1848

Am 24. November fordern Straßenkämpfe zwischen Militär und revoltierenden Bürgern 20 Menschenleben. Sieben der Aufständischen werden später zum Tode, viele andere zu langen Haftstrafen verurteilt.

1853

Gründung der „Thuringia. Eisenbahn- und allgemeine Rück-Versicherungs-Gesellschaft", der ersten Aktiengesellschaft in der Stadt.

um 1860

Auflösung des Botanischen Gartens.

1862

Die von Saarn nach Erfurt verlegte preußische Gewehrfabrik nimmt am Mainzerhofplatz ihre Arbeit auf und hat im Jahr 1866 420 Beschäftigte.

1864/66

Ausbau und Erweiterung der Festungsanlagen.

1865

Erste große Gartenbauausstellung.

1866

Eine Choleraepidemie fordert 1463 Menschenleben. Erfurt ist Tagungsort der 4. Generalversammlung des Allgemeinen Deutschen Arbeitervereins.

1870

Grundsteinlegung für den Neubau des Rathauses.

1871

Konstituierung des Deutschen Reiches. In Erfurt leben 43 616 Menschen.

1873

Aufhebung der Festung Erfurt.

1876

Eröffnung einer Hochdruck-Zentralwasserleitung. Beginn des Baus einer städtischen Kanalisation.

1878

Frauenschwimmbad am Bergstrom.

1880

Baubeginn des Städtischen Krankenhauses.

1883

Erste Pferdebahn auf Schienen. 11 Jahre später fährt die erste elektrische Straßenbahn in Erfurt.

1888/90

Die Gewehrfabrik beschäftigt 2600 Arbeiter.

1890

Die infolge eines Streikes ausgesperrten und nicht wieder eingestellten Schuhmacher der Fabrik „Cerf & Bielschowsky" gründen einen eigenen Betrieb auf genossenschaftlicher Basis, der jedoch 1900 wieder in Privathand geht.

1891

Auf dem Parteitag im „Kaisersaal" verabschiedet die SPD ihr Grundsatzprogramm, das „Erfurter Programm".

1893

Der neue Hauptbahnhof wird in Betrieb genommen.

1898

Eröffnung der Handwerker- und Kunstgewerbeschule. „Erfurter Aufruhr" auf dem Domplatz.

1900

In Erfurt leben 85 191 Menschen, unter ihnen etwa 3000 sogenannte „Chambregarnisten", junge Arbeiter, die lediglich eine Schlafstelle besitzen, sowie 19 Millionäre und 5 Multimillionäre.

1906

Erfurt erlangt mit 100 000 Einwohnern den Status einer Großstadt. Das erste Kino öffnet.

1912

Neben „Conrad Tack & Cie" in Berlin ist die Erfurter „Lingel AG" größter Schuhproduzent Deutschlands. Dr. Edwin Redslob wird Museumsdirektor in Erfurt.

1914/18

Erster Weltkrieg.

1918

Bildung eines Arbeiter- und Soldatenrates.

1919

Trauerkundgebung anläßlich der Ermordung Karl Liebknechts und Rosa Luxemburgs. Generalstreik und „Proteststreik". In Weimar verabschiedet die Nationalversammlung eine bürgerlich-demokratische Verfassung. Ab 1919 ist im Hause des Schuhfabrikanten und Kunstmäzens Alfred Hess ein Großteil der bedeutendsten deutschen Maler des frühen 20. Jahrhunderts zu Gast, darunter Lyonel Feininger.

1920

Generalstreik gegen den Kapp-Putsch. Während einer Demonstration auf dem Anger werden vier Demonstranten von den Putschisten erschossen. Walter Kaesbach wird neuer Museumsdirektor (bis 1925).

1923

Lyonel Feininger zeichnet in der Erfurter Altstadt.

1924

Unter einem parteilosen Bürgermeister setzt sich die Stadtverordnetenversammlung aus 5 bzw. 10 Abgeordneten von SPD bzw. KPD, 27 Vertretern bürgerlicher Parteien und Gruppierungen sowie 7 Abgeordneten der DNVP zusammen.

1925

Von den 90 720 wahlberechtigten Erfurter Bürgern stimmen in der Wahl zum Reichspräsidenten 44 315

für Paul von Hindenburg und 10 111 für den Kommunisten Ernst Thälmann.

1926

Angehörige des Wikingerbundes verwüsten den Jüdischen Friedhof.

1929

Der Schriftführer der Großdeutschen Volkspartei und Herausgeber der antisemitischen Zeitschrift „Echo Germania", Adolf Schmalix, zieht als stellvertretender Stadtverordnetenvorsteher ins Kommunalparlament ein.

1930

Ernst Thälmann spricht vor 30 000 Zuhörern auf dem „Reichstreffen der Roten Sportler".

1931

Auftritt des Reichspropagandaleiters der NSDAP, Josef Goebbels, im Reichshallentheater.

1932

Aufgrund der Weltwirtschaftskrise gibt es im Sommer knapp 20 000 Arbeitslose in Erfurt. Adolf Hitler spricht vor 50 000 Anhängern in der „Mitteldeutschen Kampfbahn". Die NSDAP wird in Thüringen Regierungspartei und stellt den Ministerpräsidenten.

1933

Am 30. Januar wird Adolf Hitler zum Reichskanzler ernannt.

1935

Die „Olympia-Büromaschinen-Werke AG" ist der größte Schreibmaschinenhersteller in Deutschland und produziert seit 1937 auch Flakmagazine, Patronengurte und ähnliches Kriegsmaterial.

1937

Über 600 Kunstwerke des Angermuseums werden als „entartet" beschlagnahmt.

1938

In der Pogromnacht des 9. November wird die Synagoge am Kartäuserring von Mitgliedern der SA in Brand gesteckt. 197 der in dieser Nacht festgenommenen jüdischen Bürger werden am Tag darauf in das KZ Buchenwald deportiert.

1939/45

Zweiter Weltkrieg.

1940

Einweihung der „Reichsautobahn" Berlin–Hermsdorf–Eisenach, die südlich von Erfurt entlang führt.

1943

Die Erfurter Firma „J. A. Topf & Söhne" erstellt die ersten Leichen-Verbrennungsöfen im KZ Auschwitz.

1944

Bombenangriffe der Alliierten zerstören u. a. die Barfüßerkirche und 1945 auch das „Collegium maius". 267 Menschen finden im Luftschutzkeller des Augustinerklosters den Tod.

1945

Am 12. April besetzen amerikanische Truppen die Stadt. Erfurt wird der Provinz Thüringen eingegliedert. Ab 3. Juli lösen sowjetische die amerikanischen Besatzer ab. Zeitweilig befinden sich über 50 000 Flüchtlinge in der Stadt.

1946

Obwohl die LDPD die stärkste Partei im Stadtparlament ist und zunächst auch einen Bürgermeister aus ihren Reihen wählt, gibt sie das Vorschlagsrecht am 6. Dezember an die SED ab. Das Parlament wählt ein SED-Mitglied zum Oberbürgermeister.

1948

Erfurt wird Landeshauptstadt des Landes Thüringen.

1949

Thomas Mann besucht Erfurt. Gründung der BRD und der DDR.

1950

Der Regierungssitz des Landes Thüringen wird von Weimar nach Erfurt verlegt.

1952

Aufgrund der zentralistischen Neugliederung der DDR wird Erfurt die Hauptstadt des gleichnamigen Bezirkes. Einziger Neubau einer Synagoge in der DDR.

1953

Studienbeginn am Pädagogischen Institut Erfurt.

1954

Gründung der Medizinischen Akademie.

1959

Einrichtung des Thüringer Zooparks.

1961

Eröffnung der 1. Internationalen Gartenbauausstellung der sozialistischen Länder (iga) auf der Cyriaksburg.

1965

Im Erfurter Raum finden die bis dahin größten Truppenübungen des Warschauer Paktes statt.

1968/71

Nach Abbruch von Altbausubstanz entstehen am östlichen Juri-Gagarin-Ring 11- und 16geschossige Wohnhochhäuser.

1970

„Erfurter Treffen" zwischen dem Vorsitzenden des Ministerrates der DDR Willi Stoph und Bundeskanzler Willy Brandt.

1974

Quadriennale des Kunsthandwerks der sozialistischen Länder in der „Galerie am Fischmarkt" („Haus zum roten Ochsen"). Eröffnung des Museums für Stadtgeschichte im „Haus Zum Stockfisch".

1978

Für Rekonstruktion und Umgestaltung des historischen Angers erhält das Architektenkollektiv den Architekturpreis der DDR.

1980

45 Prozent des Wohnungsbestandes der Stadt ist nach 1945 gebaut worden. Es existieren bzw. sind im Bau zum Beispiel die „Wohnkomplexe" Herrenberg, Roter Berg, Rieth, Nordhäuser Straße und Südring.

1983

Der österreichische Bundespräsident Rudolf Kirchschläger besucht Erfurt. DDR-Erstaufführung des *Baal* von Bertolt Brecht durch die Städtischen Bühnen Erfurt. Rekonstruktion des Portals des „Collegium maius".

1988

Städtepartnerschaft Erfurt–Mainz.

1989

Bürger formieren sich gegen den drohenden Abriß des Andreasviertels.

1990

Erfurt wird Hauptstadt des wiedergegründeten Landes Thüringen. Beitritt zur Bundesrepublik Deutschland.

1994

Neugründung des Bistums Erfurt und einer Universität.

1998

Beginn der Abrißarbeiten für den Neubau des Theaters im Brühl, das 2002 fertiggestellt wird.

1999

Von der Ernte der neu angepflanzten 398 Weinstöcke am Roten Berg werden 120 Flaschen „Affenschweiß" gekeltert. Die ersten Studenten beginnen an der neugegründeten Universität zu studieren.

2000

Einweihung der neuen Universitätsbibliothek auf dem Uni-Gelände an der Nordhäuser Straße.

Abb. 31, rechts: Der sogenannte Roland auf den Fischmarkt

Abb. 32, Seiten 86/87: Dom und Severikirche

Abb. 34: Dom, Wolfram

Abb. 33, links: Dom, Blick in den Chor

Abb. 35: Dom, Chorgestühl

Abb. 36: Dom, sogenannte Stuckmadonna

Abb. 37, Seiten 92/93:
Dom, Triangelportal

Abb. 38, Seiten 94/95:
Severikirche, Severisarkophag

Abb. 39: Severikirche, Severisarkophag, Original der Deckplatte

Abb. 40: Severikirche, Hlg. Michael

Abb. 41, Seiten 98/99:
Blick vom Petersberg auf die Stadt

Abb. 43: Petersberg, Teil der ehemaligen Defensionskaserne

Abb. 42, links: Petersberg, Portal

Abb. 44, Seite 102:
Blick vom Petersberg auf die Türme der abgebrochenen Georgskirche, Johanniskirche und Nikolaikirche

Abb. 45, Seite 103:
Blick vom Petersberg auf Allerheiligenkirche und Rathaus

Abb. 46, Seiten 104/105:
Blick vom Petersberg auf Domplatz und Altstadt

Abb. 47: Straßenzug im Andreasviertel

Abb. 48: Im Andreasviertel

Abb. 50: Markt auf dem Domplatz

Abb. 49, links: Domplatz

Abb. 51: Naturkundemuseum, Portal eines Waidspeichers

Abb. 52, rechts: Große Arche, „Haus zum Sonneborn"

Abb. 53: Predigerkirche, Chorschranke, „Kreuzigung im Gedräng"

Abb. 54, rechts: Predigerkirche, Blick durch das Langhaus zum Chor

Abb. 55, Seiten 114/115: Fischmarkt

Abb. 56: Allerheiligenstraße mit der Allerheiligenkirche

Abb. 57, rechts: Rathaus

Abb. 58, Seiten 118/119: Rathaus, Festsaal

Abb. 59: Fischmarkt mit „Haus zum Breiten Herd" und „Gildehaus"

Abb. 60: Fischmarkt, Detail vom „Gildehaus"

Abb. 62: Blick aus dem Hof des „Hauses zum güldenen Krönbacken" in die Michaelisstraße

Abb. 61, links: Speichergebäude in der Waagegasse

Abb. 63, Seiten 124/125:
Am Breitstrom

Abb. 65: Partie am Breitstrom

Abb. 64, links: Bursen am Kreuzsand

Abb. 66, Seiten 128/129:
Krämerbrücke

Abb. 67, Seiten 130/131:
Auf der Krämerbrücke

Abb. 68: Schildgasse mit Blick zum Comthurhof

Abb. 69, rechts: Schildgasse

Abb. 70: Augustinerkirche, Seitenschiffportal

Abb. 71: „Collegium maius", Portal

Abb. 72: Partie am Breitstrom

Abb. 73, rechts: Blick aus der Schlösserstraße auf Predigerkirche und „Neue Mühle"

Abb. 74 und 75, Seiten 138/139 und 140/141:
Anger

Abb. 76: Gründerzeitliche Architektur am Anger

Abb. 77: Anger, Luther-Denkmal

Abb. 78, Seiten 144/145:
Angermuseum, Wandmalerei von Erich Heckel

Abb. 79: Anger mit dem Angerbrunnen und dem Turm der abgebrochenen Bartholomäuskirche

Abb. 80: Anger mit „Haus Dacheröden"

Abb. 81 und 82, rechts:
Ehemalige Kurmainzische Statthalterei

Abb. 83, Seiten 150/151:
Blick von der Cyriaksburg

Abb. 84, Seiten 152/153:
Pförtchenbrücke

Abb. 85: Denkmal für Christian Reichart in den Pförtchenanlagen

Abb. 86: Hauptfriedhof, Grabmal Carl und Werner Schmidt von Hans Walther

Abb. 87, Seiten 156/157:
Schloß Mohlsdorf im Süden Erfurts

Abb. 88, Seiten 158/159:
Blick vom Radisson-Hotel auf Erfurt

Abb. 89: Michaelisstraße